Peter Paschek

Peter F. Drucker

Peter Paschek

Peter F. Drucker

Erinnerungen an einen konservativ-christlichen Anarchisten

Tectum Verlag

Peter Paschek
Peter F. Drucker
Erinnerungen an einen konservativ-christlichen Anarchisten

ISBN 978-3-8288-4518-3
ePDF 978-3-8288-7559-3
ePub 978-3-8288-7560-9

Druck und Bindung: Docupoint, Barleben
Printed in Germany

Informationen zum Verlagsprogramm finden Sie unter
www.tectum-verlag.de

Bibliografische Informationen der Deutschen Nationalbibliothek
Die Deutsche Nationalbibliothek verzeichnet diese Publikation in der Deutschen Nationalbibliografie; detaillierte bibliografische Angaben sind im Internet über http://dnb.ddb.de abrufbar.

Für Vera, in Liebe und Dankbarkeit.
Mit ihrem klaren Verstand und ihrem Sinn für das Wesentliche hat sie jede Seite dieses Buches begleitet.

„Je klarer, begrifflicher, ‚theoretischer', mein Wissen ist, desto wirksamer erweist es sich in der praktischen Anwendung. Die am wenigsten brauchbaren Menschen, die ich kenne, sind die ‚reinen Praktiker', die Menschen ohne allgemeine Ideen, ohne Allgemeinwissen und ohne grundsätzliche Vorstellungen, jene Menschen, die sich immer selber zu ernst und die Aufgabe nicht ernst genug nehmen."

Peter Drucker 1959[1]

„Man kann keine Gesellschaft politisch freier Bürger allein auf Informationstechnologie aufbauen. Das ist ein sehr fragiles Fundament."[2]

Peter F. Drucker 2004

„Das Mittel, dessen sich die Natur bedient, die Entwickelung aller ihrer Anlagen zu Stande zu bringen, ist der Antagonism derselben in der Gesellschaft, sofern dieser doch am Ende die Ursache einer gesetzmäßigen Ordnung derselben wird. Ich verstehe hier unter dem Antagonism die ungesellige Geselligkeit des Menschen, d.i. den Hang derselben in Gesellschaft zu treten, der doch mit einem durchgängigen Widerstande, welcher diese Gesellschaft beständig zu trennen droht, verbunden ist. [...] Dieser Widerstand ist es nun, welcher alle Kräfte des Menschen erweckt, ihn dahin bringt seinen Hang zur Faulheit zu überwinden und, getrieben durch Ehrsucht, Herrschsucht oder Habsucht, sich einen Rang unter seinen Mitgenossen zu verschaffen, die er nicht wohl leiden, von denen er aber auch nicht lassen kann."[3]

Immanuel Kant 1784

---

1 Peter F. Drucker: Gedanken für die Zukunft. Düsseldorf 1959, S. 9

2 Peter F. Drucker: Peter Paschek (Hrsg.): Kardinaltugenden effektiver Führung, München 2004, S. 214

3 Immanuel Kant: Idee zu einer allgemeinen Geschichte in weltbürgerlicher Absicht (1784), Vierter Satz

Inhaltsverzeichnis

Vorwort

„Was macht die Treuhand? Ordnung muss sein!" Mit diesen Worten empfing uns Peter Drucker, als meine Frau Vera und ich ihn und seine Frau Doris im Juni 1991 zu Hause in Claremont, Kalifornien, besuchten. Die Stadt, an deren Universität Peter Drucker seit 1972 lehrte.

Zwei Jahre zuvor hatte ich ihn zu einer Reihe von Vorträgen nach Düsseldorf eingeladen. Einer davon fand im Schloss Benrath statt. Wir beide waren etwas zu spät, da wir uns u. a. über einen sehr bekannten österreichischen Politiker verquatscht hatten, von dem Peter sagte: „Dieser Mann ist hochintelligent, aber leider kann er nicht ehrlich sein!"

Nun sahen wir, wie die vielen Teilnehmer der Veranstaltung ordnungsgemäß die Schlossauffahrt entlang gingen, ohne dabei auch nur ansatzweise die dazwischen liegende Rasenfläche zu betreten. Ich sagte: „Schauen Sie, Peter, Ordnung muss sein." „Ja!", erwiderte er, „und ich gehe über den Rasen!" Ich schloss mich an und so schritten wir stolz mit erhobenem Haupt auf das Schloss Benrath zu.

Das war der Peter Drucker so wie ich ihn oft in den über zwanzig Jahren unserer Freundschaft erlebte und liebte. Dabei setzte er stets ein fast spitzbübisches Lächeln auf – dieser konservativ-christliche Anarchist, wie er sich selbst nannte.

Konservativ, weil er Reform als entscheidendes politisches Prinzip ansah und nicht an eine paradiesische Gesellschaft auf Erden glaubte. Christlich, weil es für ihn etwas gab, was über der Gesellschaft steht, und Anarchist, weil er Ordnung und Form als Elemente des menschlichen Zusammenlebens in einer Gesellschaft für unerlässlich hielt, aber Ordnung als Selbstzweck zutiefst ablehnte.

In einem der weltweit unzähligen Nachrufe anlässlich des Todes von Peter Drucker im Jahre 2005 nannte ihn einer der Verfasser einen Universalgelehrten. Als ich zu Peter auf einer Autofahrt meiner Begeisterung über sein transdisziplinäres Wissen freien Lauf ließ und sagte: „Peter, Sie sind für mich ein Universalgelehrter wie Max Weber, wahrscheinlich der Letzte dieser Spezies", bremste er mich mit folgenden Worten ein: „Lieber Peter, Sie neigen dazu, maßlos zu übertreiben! Wenn Sie damit nicht aufhören, muss ich Sie zum Duell auffordern. Jeder von uns mit einer Salami bewaffnet."

Huldigungen mochte er gar nicht. Kaum eine Betitelung fand seine Zustimmung, schon gar nicht Management-Guru. „Der bedeutendste Managementdenker unserer Zeit" ging gerade noch.

Auf einem Symposium der American Management Association frotzelte er: „Wenn die Leute mich den Vater des Managements nennen, fragt meine Frau immer: Wer ist eigentlich die Mutter des Managements?" Die Hauptursache für diese Abwehrhaltung lag darin, dass Peter Drucker sich in der Ganzheit seines Denkens nicht verstanden fühlte.

Aber auch, weil er sich nicht als dazugehörig befand. In der deutschen Fassung seiner Autobiografie „Schlüsseljahre" erzählt Peter Drucker im Prolog mit dem Titel „Die Geburt eines Außenseiters", wie er am 11. November 1923 in Wien kurz vor seinem 14. Geburtstag am Marsch der Jugend zum Tag der Republik teilnahm:

> „Ich mochte – und mag – Pfützen und kenne nur wenig angenehmere Laute als das Platschen einer schönen Wasserlache. Normalerweise hätte ich alles daran gesetzt, um durch eine so wundervolle Pfütze hindurchwaten zu können; aber diese hier hatte ich mir nicht selbst ausgesucht, sondern sie wurde mir von der Masse hinter mir aufgezwungen. Ich ver-

suchte mit aller mir verfügbaren Willenskraft seitlich abzuschwenken, aber das rhythmische Stampfen der Füße hinter mir, der Druck der Masse, der physische Zwang der Massenbewegung hinter mir überwältigten mich. Ich ging geradewegs auf die Pfütze zu und stapfte schnurstracks hindurch. Am Ende angekommen, drehte ich mich um, drückte die Fahne wortlos der stämmigen Medizinstudentin hinter mir in die Hand, trat auf die Seite und machte mich auf den Heimweg. Es war ein langer Fußmarsch von etwa zwei bis drei Stunden, auf dem mir ständig die Brust an Brust marschierenden Zwölferreihen der Wiener Sozialisten mit ihren Fahnen begegneten. Ich fühlte mich zwar schrecklich einsam und wäre nur allzu gern in ihrer Mitte gewesen. Gleichzeitig war ich jedoch richtig gelöst und überaus heiter. Zu Hause angekommen, sperrte ich - zum ersten Mal - eigenhändig die Tür auf. Meine Eltern, die mich erst am späten Nachmittag erwartet hatten, waren beunruhigt: ‚Fühlst du dich nicht wohl?', fragten sie. ‚Ich habe mich noch nie so wohl gefühlt', antwortete ich wahrheitsgetreu. ‚Ich habe nur festgestellt, dass ich nicht dazugehöre.'"[4]

Peter Drucker wollte einfach nicht dazugehören, auch nicht zur Academia. Daher bezeichnete er seine Arbeit als „political or social Ecology". Er nannte sich fortan einen Social Ecologist, einen Sozialökologen. Er behauptete fest und steif, er sei weder Philosoph noch Soziologe noch Kulturhistoriker noch Betriebs- oder Volkswirt. Er beherrsche weder die Empirische Sozialforschung noch die Sozialpsychologie. Doch er verfügte über ein fundiertes Wissen in allen genannten Disziplinen und verstand es, diese Wissensgebiete sinnvoll miteinander zu verbinden.

Die Bezeichnung Sozialökologie hat mir nie behagt, daher habe ich Peter einmal auf diesen Begriff angesprochen und sagte:

4 Peter F. Drucker: Schlüsseljahre, Frankfurt/New York, 2001, S. 11ff. Titel der Originalausgabe: Peter F. Drucker: Adventures of a Bystander, New York 1979.

„Ich kann sehr gut nachvollziehen, dass Sie Ihre Arbeit ähnlich dem Management als eine ‚Practice' ansehen, und deutlich machen, dass Social Ecology wie Management von den verschiedensten Wissenschaften unterbaut ist.[5]
In Ihrem Buch ‚Men, Ideas and Politics'[6] nennen Sie im Vorwort Ihre Arbeit ‚political Ecology' und weiter heißt es dort: ‚This term is not to be found in any university catalogue. But the only thing that is ‚new' about political ecology is the name. As a subject matter and human concern, it can boast ancient lineage, going back all the way to Herodotus and Thucydides.' Als Vertreter der Sozialökologie führen Sie u. a. Tocqueville und Bagehot auf und definieren political bzw. social ecology wie folgt: ‚Its charter is Aristotle's famous definition of man as ‚zoon politikon,' that is, social and political animal. As Aristotle knew (though many who quote him do not), this implies that society, polity and economy, though man's creations, are ‚nature' to man, who cannot be understood apart from and outside of them. It also implies that society, polity, and economy are a genuine environment, a genuine whole, a true ‚system,' to use the fashionable term, in which everything relates to everything else and in which men, ideas, institutions, and actions must always be seen together in order to be seen at all let alone to be understood.' Aber dies ist doch die Aufgabe der verstehenden Soziologie im Sinne von Max Weber, der praktischen Philosophie und der Kulturgeschichte in unserem gemeinsamen Verständnis."[7]

Einmal in Schwung gekommen, fügte ich hinzu:

„Ich verstehe, dass Sie sich nicht selbst als Universalgelehrten bezeichnen, und ich verstehe ebenso, dass Sie deutlich machen wollen, nicht dazuzugehören. Aber ich hadere doch

5 Vgl. hierzu: Peter F. Drucker: Ecological Vision, Reflections on the American Condition. New Brunswick 1994, S. 441ff.

6 Vgl. hierzu: Peter F. Drucker: Men, Ideas and Politics, New York 1971, Preface

7 Vgl. hierzu Peter F. Drucker: The New Realities, Oxford 1989, S. 253

sehr mit diesem Begriff, vor allem im Deutschen. Er klingt für mich ein bisschen nach Health Food Store. Hinzu kommt, dass Ökologie in der Alltagssprache zu einem politischen Begriff wurde und nichts mehr mit dem biologischen Begriff zu tun hat, nach dem in der Ökologie – wie Sie schreiben – immer das Ganze zu sehen und zu begreifen ist und die Teile nur in der Reflexion auf das Ganze existent werden. Natürlich fordern Sie mit Ihrem Verständnis von Sozialökologie, oder für mich besser, wie Sie es früher nannten, von der politischen Ökologie, zu Recht den Blick aufs Ganze.

Ich kann Ihre Argumentation sehr gut nachvollziehen, wenn Sie von Social Ecology als Practice sprechen, wie Management, und deutlich machen, dass Social Ecology wie Management keine Wissenschaft, sondern von den verschiedensten Wissenschaften unterbaut ist.

Ich stimme Ihnen auch zu, dass Sozialökologie, ‚as a practice, deals with action. Knowledge is a tool to action rather than an end in itself: Social Ecology as I said before, is a ‚practice'.'[8]

Vor allem aber folge ich Ihrer Aussage, dass Sozialökologie nicht wertfrei ist, sondern, falls sie doch eine Wissenschaft ist, so sagen Sie richtig – handelt es sich um eine ‚moralische Wissenschaft'.[9]

Aber all das, was Sie, lieber Peter, über die Sozialökologie sagen, haben Sie für die ‚Humanities' auf den Punkt gebracht. ‚Lights to make us see and guides to right action.' Dieses Leitbild setzen die großen Humanisten in ihrem Schaffen um.[10]

Ich kann mich einfach nicht mit dem Begriff ‚Sozialökologie' anfreunden. Daher sind und bleiben Sie für mich eben ein großer politischer Humanist."

8 Peter F. Drucker: The Ecological Vision, ebd., S. 456

9 Ebd., S. 457

10 Peter F. Drucker: The Post-Capitalist Society, London 1993, S. 237

Ich schaute ihn an, da war sie wieder, seine gelöste Heiterkeit. Dieses Mal mit einem Hauch von Ertapptsein.

In der 2002 veröffentlichten, für ihn wohl wichtigsten Sammlung seiner Aufsätze aus 60 Jahren, „A Functioning Society", hat er dies noch einmal erläutert: „I am best known, especially in the United States as a writer on management. But management was neither my first nor has it been my foremost concern. I only became interested in it because of my work on community and society."

Ich habe das große Glück gehabt, dass dieser Blick aufs Ganze der Gesellschaft von Anbeginn unserer Freundschaft an die gemeinsame Gesprächsebene war, obschon ich dafür „hart" arbeiten musste, um diese Freundschaft zu erreichen.

Aber davon später! Natürlich hat meine Perspektive keinen Anspruch darauf, die ungemein vielfältigen Facetten des Denkens und Schaffens von Peter Drucker zu erfassen. Das wäre vermessen.

Daher bekam ich in letzter Zeit auch vermehrt Zweifel an meinem Ausspruch: „Peter Drucker – viel zitiert, oft gelesen, wenig verstanden". Das klang für mich zunehmend abgehoben, ein wenig arrogant. Allerdings nur bis zu dem Tag, an dem mir mein lieber Freund Timo Meynhardt folgende Geschichte erzählte: Anlässlich des Global Drucker Forums in Wien 2018 begegnete Timo dem Prof. emeritus Henry Mintzberg, der an zahlreichen renommierten Business Schools lehrte. Man kann ihn zwar nicht den „Vater des Managements" nennen, aber mit Fug und Recht als dessen Sohn bezeichnen. Ich hatte Mintzberg in den 1980er Jahren mehrfach bei gemeinsamen Auftritten mit Peter Drucker erlebt. Dieser schätzte Henry Mintzberg sehr.

Timo nun erzählte mir, wie Mintzberg aus allen Wolken fiel, als er diesem das oben erwähnte „Society and Community"-Zitat von Drucker vorgelesen hatte und dieser dann ausrief, er habe Peter Drucker nie wirklich begriffen, bis er von diesem Zitat erfuhr.

Seit dieser Erzählung verwende ich wieder häufiger und ohne falsche Scham meinen Ausspruch vom selten verstandenen Peter Drucker.

Dies ist ein sehr persönliches Buch, denn ich schaue aus einer sehr persönlichen, hoch wertschätzenden Perspektive auf den Menschen, der so lange mein Freund, Lehrer und Mentor war und dieses immer bleiben wird.

Es vergeht kein Tag, an dem ich nicht an und mit Peter Drucker denke, mit immer gleich großem Interesse etwas von ihm lese und begeistert meiner Frau Vera erzähle, was ich Neues entdeckt habe, das mir auf neue gedankliche Sprünge geholfen hat, obwohl ich den Text zigmal vorher gelesen hatte.

Sein Denken begleitet mich unentwegt. Seine geistigen Werkzeuge und Erkenntnisse helfen mir, „die Welt, in die ich hineingestellt bin", zu verstehen und im Rahmen meiner bescheidenen Möglichkeiten an ihr gestaltend mitzuwirken.

Das Buch beginnt mit der Geschichte unserer Freundschaft. Wie alles anfing und wie sich diese Freundschaft immer weiter vertiefte, bis zu einer gemeinsamen Publikation im Jahr 2004.

Im Mittelpunkt des zweiten Kapitels stehen die Ansichten des konservativ-christlichen Anarchisten, zu dem er mit der Zeit wurde.

Das anschließende Kapitel behandelt die Bedeutung der Drucker'schen Theorie vom Management als gesellschaftliche Funktion und seine daraus folgenden Handlungsanleitungen für unser Weltalter.

Kapitel 4 widmet sich der gesellschaftlichen Verantwortung der Intellektuellen im Verständnis von Peter Drucker für unsere Zeit.

„Du heiratest mir keinen Österreicher, denn die haben keinen Sinn für den Ernst des Lebens", sagte einst die Mutter von

Peters Frau Doris Drucker, geborene Schmitz. Peter Drucker ist ohne Doris Drucker nicht denkbar. In den beinahe 70 Jahren ihrer Ehe stand sie stets neben oder vor ihm, aber niemals „hinter" ihm. Die große Liebe der beiden Druckers zueinander, die – im Sinne von Peters hochverehrten Ideengeber Wilhelm von Humboldt – das Leben leicht getragen und tief genossen hat, gibt abschließend auf eine besondere Art noch einmal Zeugnis von einer wunderbaren Freundschaft.

An dieser Stelle möchte ich unserer lieben Freundin Julia Gerdes für ihre unermüdliche Unterstützung bei der Entstehung dieses Buches und für ihre vielen klugen Anmerkungen und Ratschläge meinen besonderen Dank aussprechen.

1 Der lange Weg in eine tiefe Freundschaft

„Im traurigen Monat November war's,
Die Tage wurden trüber,
Der Wind riß von den Bäumen das Laub […]"

So beginnt Heinrich Heines großartiges Gedicht „Deutschland. Ein Wintermärchen" aus dem Jahr 1844.

An einem solchen trüben Novembertag im Berlin des Jahres 2005, eine Woche vor Peter Druckers 96. Geburtstag, rief ich wie gewohnt in Claremont, Kalifornien, an, um mich nach dem Befinden des Ehepaars Drucker zu erkundigen und ein wenig zu plaudern. Nach kurzem Klingeln war Doris Drucker am Telefon und meldete sich mit ihrer festen Stimme. Auf meine Routinefrage „Guten Morgen, Doris. Wie geht's?", antwortete sie: „Wie soll es gehen? Haben Sie meine Mail nicht erhalten?" Ich sagte „Nein, was ist passiert?". Doris: „Der Peter ist gestorben." Ich war tief getroffen und stammelte weinerlich in meiner Trauer und Verzweiflung: „Ich habe ihm doch gerade zum Geburtstag die Tocqueville-Biografie geschickt!" „Ja, die kann er jetzt nicht mehr lesen", war die für Doris Drucker typische Antwort, die mich schlagartig in die Wirklichkeit zurückbeförderte.

Wenige Monate zuvor hatte ich die Druckers in ihrem Haus in Claremont noch besucht und saß mit Peter zusammen. Er erschien mir – für sein hohes Alter – körperlich stabil und nicht schwächer als bei unserer Begegnung knapp ein Jahr zuvor an gleicher Stätte. Peter war wie immer hellwach!

Doris erlaubte uns ein Gespräch von einer Stunde und bereitete währenddessen ein leichtes Mittagessen vor.

Wir folgten selbstverständlich ihren – wie stets – deutlichen Anweisungen.

Zuerst sprachen wir über den beachtlichen Erfolg unseres Buches „Kardinaltugenden effektiver Führung"[11], das wir gemeinsam ein Jahr zuvor herausgegeben hatten und das mittlerweile ins Portugiesische, Chinesische und Koreanische übersetzt worden war.

Des Weiteren behandelten wir eine Reihe von Themen, hauptsächlich aus Wirtschaft und Politik. Eines davon ist mir in besonderer Erinnerung geblieben.

Peter Drucker hatte immer – wie auch bei diesem Gespräch – darauf hingewiesen, wie wichtig es für die Lebensführung eines Managers ist, dass er rechtzeitig ein Interessengebiet außerhalb des Berufs entwickelt. „Wenn man nur seinen Beruf hat, hat man gar nichts!", war eine seiner Formulierungen, die mir sehr gut im Gedächtnis geblieben ist – hatte ich mir doch, als ich dieses Zitat zu Beginn der 1990er Jahre öffentlich machte, die massive Kritik des Hauptgesellschafters des Beratungsunternehmens zugezogen, für das ich damals arbeitete.

Glücklicherweise und nicht zuletzt durch die Initiative Peter Druckers war ich dort nur kurzfristig tätig, um danach, für die lange Zeit von über 21 Jahren, als Gesellschafter der Delta Management GmbH meine berufliche Heimat zu finden.

Bei dem besagten Gespräch in Claremont erzählte mir Peter die Geschichte von einem Topmanager, den er seit Jahren begleitete und der jetzt, im Alter von 67 Jahren, seinen Ruhestand – im wahrsten Sinne des Wortes – verbrachte. „Er verkümmert vollkommen. Das Einzige, was ihm geblieben ist, ist

11 Peter F. Drucker, Peter Paschek (Hrsg.): Kardinaltugenden effektiver Führung, München 2004.

das Golfspiel. Sein Gehirn steht still und er lebt nur noch von seinen Erinnerungen", waren damals Peters Worte.

Nach dem Mittagessen verabschiedete ich mich von den Druckers und fuhr nach Los Angeles zurück. Ich hatte nicht im Geringsten das Gefühl, Peter das letzte Mal gesehen zu haben.

Doch zurück zum gemeinsamen Projekt: „Konservative Werte und effektives Management" lautete der ursprüngliche Arbeitstitel des Buches, das dann als „Kardinaltugenden effektiver Führung" veröffentlicht wurde. Die gemeinsame Herausgabe war gleichzeitig Wunsch des Verlages und Idee von Peter Drucker. Ich hatte zunächst im Jahr 2003 die Absicht, eine Festschrift für ihn herauszugeben. Der Anlass war Peters erste Veröffentlichung 1933, also 70 Jahre zuvor, mit dem Titel „Friedrich Julius Stahl. Konservative Staatslehre und geschichtliche Entwicklung"[12], mit der er die Nationalsozialisten bewusst provozierte.

Immer wieder warnten mich Peter und Doris vor der „ungeheuren Menge an Arbeit, die auf mich im Zuge der Herausgabe des Buches zukommen würde. Peter sagte einmal: „Ich bin Ihnen höchst dankbar für das, was Sie für mich tun. Aber ich befürchte, wir brauchen ein paar Jahre bis zur Veröffentlichung." Dieser motivierenden Aussage fügte Doris noch eine hinzu: Als ich mich im Frühsommer 2003 in Claremont von ihr verabschiedete, sagte sie: „Naja, wenn das mit dem Buch zu seinem 95. nicht klappt, dann bestimmt zu seinem 100."

Beide Druckers unterschätzten maßlos das Gewicht des Namens Peter Drucker. Denn in kürzester Zeit lagen die Beiträge namhafter Autoren vor und ich konnte mich im Mai 2004 zu einem abschließenden Gespräch mit Peter in seinem Zuhause in Claremont zusammensetzen. Was fehlte – und das war der Hauptanlass meines Besuches – war ein Diskurs zwi-

12 Peter F. Drucker: Friedrich Julius Stahl: Konservative Staatslehre und geschichtliche Entwicklung. Tübingen, 1933

schen Peter und mir zu seinem Credo des konservativ-christlichen Anarchisten sowie über aktuelle Fragen zu Wirtschaft und Gesellschaft. Mit diesem Dialog wollten wir – anstelle eines Nachworts – unser Buch abschließen.

Meine letzte Frage an Peter lautete: „Wir sind in den USA im Jahr der Präsidentschaftswahlen. Alles sieht nach einem Kopf-an-Kopf-Rennen zwischen Bush und Kerry aus. Wer ist Ihrer Meinung nach der beste Präsident für Ihr Land?" – „Harry Truman!", war Peters prompte Antwort.[13]

Als das Buch dann erschienen war, hörte Peter nicht mehr auf, mir seine Dankbarkeit auszusprechen für das, „was ich für ihn getan" habe. Er neigte halt in seiner großen Bescheidenheit dazu, die Dinge gelegentlich umzukehren.

Peter Drucker hat nur mit zwei Menschen jemals ein Buch veröffentlicht. Ich bin schon sehr stolz darauf und ihm vor allen Dingen zutiefst dankbar, dass ich einer von den beiden bin.

Wie kam ich zu diesem großen Glück? Wie entstand und entwickelte sich unsere Freundschaft?

Als Peter Drucker 1995 zum ersten Mal seit 63 Jahren Berlin wieder besuchte, fragte er mich auf einem Spaziergang: „Sagen Sie mir, wie kam unsere schöne Freundschaft zustande?" – „Weil ich einen Rat von Ihnen befolgt habe", war meine Antwort, und ich erklärte weiter: „Sie haben einmal gesagt, lieber Peter, dass die Muse niemals auf einen zukommt, um ihn zu küssen. Man muss der Muse hinterherlaufen, damit man eventuell von ihr geküsst wird. Nur das habe ich getan: Ich bin Ihnen hinterhergelaufen." Er schmunzelte in sich hinein.

Wie alles begann?

Die Fährte zu meiner Muse habe ich im Jahr 1973 aufgenommen. Es war ein Schlüsseljahr für mich. Im Januar erhielt ich

13 Peter F. Drucker, Peter Paschek (Hrsg.): Kardinaltugenden effektiver Führung, München 2004, S. 234

mein Zwischenprüfungszeugnis und somit die Zulassung zum Hauptstudium der Sozialwissenschaften an der Ruhr-Universität Bochum, an die ich bis heute voller guter Erinnerungen bin. Ein Jahr zuvor hatte ich unter Abgesang schmutziger Lieder die fatale Mischung aus Proletkult, Spießigkeit und Humorlosigkeit der radikalen studentischen Linken hinter mir gelassen. So war es geradezu ein Glücksfall, dass ich durch die Initiative meines Vaters die Gelegenheit bekam, beinahe ein ganzes Jahr in Großbritannien, und zwar in Wales, zu verbringen. Llanelli, eine Kleinstadt nahe Swansea, war mein Standort. Meine Hauptbeschäftigung: das „Aktentaschentragen" für einen erfahrenen englischen Topmanager einer deutschen Tochtergesellschaft. Daneben gehörten gelegentliche Besuche der Universitäten in Swansea und Bath zu meinem Programm. Allerdings bestand dieser Teil im Wesentlichen darin, dass ich mit Studentinnen, vor allem in Bath, fraternisierte. Was mich den Mentalitäten des Landes viel näher brachte als wenn ich die Zeit ausschließlich auf dem Campus verbracht hätte.

Die Hauptbeschäftigung für meinen englischen Chef lag in der Durchführung von Übersetzungen bei unterschiedlichsten Executive und Non-Executive Board Meetings im ganzen Land. Auf diesem Wege habe ich auch die anderen Regionen des Vereinigten Königreichs kennengelernt. Wozu ich aber vor allem die Gelegenheit erhielt, war das Zuschauen- und Zuhören-Können in Sachen Management. Darüber hinaus hatte ich in kürzester Zeit Familienanschluss und fand Freunde in unterschiedlichsten Milieus und Altersgruppen. Namen von skurrilen Käuzen wie „Herman the German" und „Freddy the Fly" sind mir bis heute besonders in Erinnerung geblieben. Als ich nach 10 Monaten nach Hause zurückfuhr, unterstellte mir ein englischer Zollbeamter in Dover aufgrund meines Akzents, ich sei ein „Welshman".

In dieser Melange aus Management und Spaß musste ich zwangsläufig mit Managementliteratur konfrontiert werden.

Vor allem die private Buchsammlung meines Chefs war voll davon. Hier las ich dem Namen Peter Drucker zum ersten Mal, und zwar als Autor des 1954 erschienenen Buches „The Practice of Management". Ein Beitrag von ihm aber hatte mich damals besonders nachhaltig beeindruckt. „Management's New Role", hieß der Titel der Veröffentlichung eines Vortrags von Peter Drucker 1969 in einem englischen Management Journal. Zum Abschluss heißt es:

> „There are many new tools of management in the use of which we will have to learn, and many new techniques. There are, as this paper points out, a great many new and difficult tasks. But the most important change ahead for management is that increasingly the aspirations, the values, indeed, the very survival of society in the developed countries will come to depend on the performance, the competence, the earnestness and the values of their managers. The task of the next generation is to make productive for individual, community, and society the new organized institutions of our New Pluralism. And that is, above all, the task of management."[14]

Dieser Beitrag war der entscheidende Auslöser, mich mit Management im Sinn von Peter Drucker intensiver zu beschäftigen und der Spur meiner „Muse" weiter zu folgen. Inspiriert von Peter Druckers Vorgehensweise, die zentralen Fragestellungen zum Management immer in den Kontext des gesellschaftlichen Ganzen zu stellen, und durch meine überaus positiven Erfahrungen in UK war mein Interesse an Unternehmensführung geweckt. Die Soziologie und die Politikwissenschaft bildeten in der Folge zwar weiterhin meine Schwer-

14 Keynote address given at the 15th CIOS International Management Congress, Tokyo, Japan, November 5th 1969, in: Peter F. Drucker: Managements New Role (1969). In: Ders.: Technology, Management and Society, Oxford 2001, S. 33

punktfächer, aber den Mittelpunkt meines Studiums verlagerte ich auf theoretische und vor allem auf praktische Fragestellungen des Wirtschaftens und der Unternehmensführung.

Auf der Suche nach entsprechenden Lehrveranstaltungen stieß ich im Wintersemester 1973/74 auf ein Seminar mit dem Titel „Ausgewählte Fragen auf dem Gebiet der Personalführung". Der Name des Dozenten: Prof. Dr. Paul Gert von Beckerath.

Da man in dieser Veranstaltung keine „Credits" erwerben konnte, wurde die Teilnehmerzahl von acht Studenten höchst selten überschritten. Ich habe über Jahre mit Freuden und großem Gewinn an diesem Seminar teilgenommen. Von Beckerath übernahm später die Betreuung meiner Diplomarbeit und meiner Dissertation. Er war die erste „Muse", der ich folgte. Paul Gert von Beckerath, ein Intellektueller, bescheiden und leise, war zu jener Zeit einer der Top Manager in Fragen der Personalführung und des Personalwesens in Deutschland – und dies nicht nur wegen seiner Funktion als Direktor Personal- und Sozialwesen der Bayer AG. Er war ähnlich wie Peter Drucker ein vielseitig engagierter Liberalkonservativer, der schon zu Beginn der 1950er Jahre Zugang zum angloamerikanischen Managementverständnis suchte und fand. Die Berufung in den Vorstand der Bayer AG blieb ihm nur deshalb versagt, weil zu jener Zeit ausschließlich Chemiker in dieses Organ bestellt werden konnten. Von Beckerath, der seinen Berufsweg als Assistent von Hermann Joseph Abs begann, versuchte, mit Ironie über diesen Umstand hinwegzukommen. Einmal sagte er zu mir: „Die Berufungspolitik in Sachen Personalvorstand der Bayer AG macht Fortschritte: Bis dato waren meine Vorgesetzten stets Anorganische Chemiker, jetzt ist es zum ersten Mal ein Organischer Chemiker geworden."

Während eines Stipendiums in den USA 1954 hatte von Beckerath Peter Drucker kennengelernt, der ihn so sehr beeindruckte, dass seither Peters Verständnis von Management und

Gesellschaft zu einer wesentlichen Orientierung seines Denkens und Handelns wurde.

Für die als „Führung im Mitarbeiterverhältnis" – wie das Harzburger Modell – camouflierten Versuche strikt hierarchischer Führungskonzepte, die bei vielen deutschen Managern damals auf positive Resonanz stießen, hatte von Beckerath nur Spott übrig.

Das führte so weit, dass einige Führungskräfte der deutschen Wirtschaft von Beckerath widersinnig in eine linke Ecke stellten. Gar nicht ungewöhnlich zu einer Zeit, da ein sehr namhafter deutscher Unternehmer mir gegenüber das Manager Magazin als „linke Kampfpresse" titulierte.

Bei den vielen Treffen und Begegnungen mit von Beckerath war Peter Drucker zumeist ein Thema. Die Bibliothek des Soziologen Prof. Dr. Johannes Papalekas, an dessen Lehrstuhl von Beckerath kooptiert war, enthielt das bis dahin komplette Werk von Peter Drucker. Übrigens auch sämtliche Publikationen der Vertreter des St. Gallener Management-Modells, Ulrich, Staerkle und Krieg, den zu dieser Zeit einzigen kontinentaleuropäischen Wissenschaftlern, die in intensiver Verbindung zu Peter Drucker standen.

Ende 1979 hatte ich mit von Beckerath vereinbart, dass ich die Universität in Richtung Management- und Personalberatung verlasse und an meiner Dissertation mit dem Thema „Der Wandel der industriellen Beschäftigungsstruktur in der gegenwärtigen Rezession unter besonderer Berücksichtigung des ausländischen Arbeitnehmerpotentials" berufsbegleitend weiterarbeite. Ich habe diese Arbeit nie abgeschlossen. Das Einzige, was davon übrig blieb, war ein Beitrag über ausländische

Arbeitnehmer in einem Handwörterbuch der Betriebspsychologie und -soziologie.[15]

Ein halbes Jahr bevor ich die Universität verließ, unternahm ich unter dem Deckmantel meiner Dissertation eine eigenfinanzierte „Studienreise“ nach Kalifornien und von Beckerath arrangierte ein Treffen mit Peter Drucker in Claremont. So begegnete ich meiner Muse zum ersten Mal, nicht bei ihm zu Hause, sondern in einem Büro der Claremont Colleges. Es war ein kurzes Gespräch. Peter war freundlich und fragte nach von Beckerath, nach dem Thema meiner Dissertation und nach Deutschland: „Was macht Helmut Schmidt? Seine Art von Sozialdemokraten nannten wir früher kaiserliche Sozialisten!“

Beglückt fuhr ich die Strecke nach Los Angeles zurück, die ich später ungezählte Male fahren sollte.

Acht Jahre später konnte ich mich auf meine Art für die durch von Beckerath initiierte Begegnung mit Peter Drucker revanchieren. „Verhaltensethik im Personalwesen“[16] war der Titel eines Buches, das von Beckerath herausgeben wollte. Es waren ausschließlich namhafte Autoren, die von Beckerath gewinnen konnte. Umso mehr freute ich mich, dass er mir die Gelegenheit gab, ebenfalls einen Text beizusteuern. Dessen Überschrift lautete „Der Leiter des Personalbereichs – ein vollwertiges Mitglied der Unternehmensleitung?“[17]

Von Beckerath und der Verlag hatten mehrfach – ohne Erfolg – versucht, auch Peter Drucker für die Publikation zu ge-

15 Peter Paschek: Ausländische Arbeitnehmer. In: Paul G. v. Beckerath, Peter Sauermann, Günter Wiswede (Hrsg.): Handwörterbuch der Betriebspsychologie und Betriebssoziologie. Stuttgart 1981, S. 20

16 Paul Gert v. Beckerath: Verhaltensethik im Personalwesen. Stuttgart 1988

17 Peter Paschek, in Paul Gert v. Beckerath: ebd., S. 273–292

winnen, und zwar für den einleitenden Beitrag.[18] Auf meine Bitte hin machte Peter schließlich die höchst seltene Ausnahme, an einem Buch mitzuwirken, an dem mehrere Autoren beteiligt waren – eine ebensolche Rarität wie die gemeinsame Herausgabe eines Buches.

1980 begann ich meinen Berufsweg im Management Consulting mit Schwerpunkt in der Beratung von Personalangelegenheiten, wie es von Beckerath in seinem Buch formulierte. Die Führungskräftesuche stand zu Beginn im Mittelpunkt meiner Arbeit. So konnte ich als 30-Jähriger den kompletten Vorstand einer großen, öffentlich-rechtlichen Bank besetzen.

Meine Auftraggeber und Gesprächspartner waren der Finanz- und der Justizminister des betreffenden Bundeslandes. Die Suche war sehr erfolgreich, denn die von mir vorgeschlagenen Manager blieben bis zu ihrer Pensionierung im Unternehmen. Ich muss allerdings gestehen, dass dies in meiner fast vierzigjährigen Laufbahn als Berater eher selten vorkam

Seit Beginn meiner Karriere gehören – bis heute – neben der Personalsuche auch Managementbeurteilungs- und -entwicklungskonzepte, Fragen der strategischen Unternehmensführung oder die Gestaltung von Aufsichtsrat und Beirat u. v. m. zu meinem Tätigkeitsfeld.

Ich hatte das große Glück, bei dem damals bedeutendsten Beratungsunternehmen, Kienbaum, bei dem ich über 10 Jahre arbeitete, auf einen beinahe gleichaltrigen Chef und Sohn des Firmengründers zu stoßen, mit dem zusammen zu arbeiten einfach Spaß machte und dessen Vertrauen ich mir schnell erarbeitete: Jochen Kienbaum und mein Berliner Chef Walter Greiner ließen mir die Freiheiten, die ich brauchte, um meine berufliche Entwicklung erfolgreich zu gestalten. Denn ich war schon damals sehr vom Denken Peter Druckers geprägt und

18 Peter F. Drucker: Das Personalwesen – auf dem Weg zu neuen Ufern. In: Paul Gert v. Beckerath, ebd., S. 1–10

folgte seinem Grundsatz: „The exceptional man does not need direction." Ob das „exceptional" auf mich zutrifft, mögen andere beurteilen. Aber bis heute habe ich den Eindruck, dass ich ‚direction' nie gebraucht habe.

Peter Drucker, der Jochen Kienbaum sehr schätzte, sagte einmal zu mir: „Jochen is a good manager, not a great manager. But first and foremost, he is a great human being. And this is an essential strength!"

Von Peter Drucker und von Beckerath geprägt, orientierte ich meine eigene Managemententwicklung an internationalen, vor allem angloamerikanischen Institutionen der Managementbildung, natürlich immer unter der Maßgabe, dass Peter Drucker als Keynote Speaker vertreten war. Dieses fand vor allem in den Top-Management-Programmen des Management Center Europe (MCE), dem europäischen Arm der American Management Association (AMA), statt. Der Direktor dieser Programme, Shafiq Naz, wurde sehr bald zu einem lieben Freund, der mir hilfreich zur Seite stand, meiner Muse Peter Drucker näher zu kommen, und der mich darüber hinaus in alle kulinarischen Köstlichkeiten der belgischen Küche einführte.

Amsterdam, London, Paris, Zürich, Brüssel waren Anfang der 1980er Jahre die Standorte der MCE-Veranstaltungen, die ich besuchte. Hierzu hatte ich durch Kienbaum und Greiner freie Hand. Einen großen Teil der Finanzierung dieser Maßnahmen habe ich selbst getragen, für mich eine Selbstverständlichkeit, denn schon damals glaubte ich nicht an die ‚free lunch for everybody'-Economy.

Diese Symposien hatten stets etwa um die 60 Teilnehmer und es war nicht einfach, selbst in den Pausen, mit den Speakern ins Gespräch zu kommen. Einmal sah ich Peter Drucker sehr nahe und fasste den Mut, auf ihn zuzugehen und ihn anzusprechen. Er erinnerte sich an mich, jedenfalls tat er so, fragte artig, was „Kienbaum“ bedeute, um sich dann gleich zu entschuldigen und zu verschwinden.

Ich war enttäuscht, hörte allerdings nicht auf, ihm zuzuhören, ihn zu lesen, und wartete weiter auf die nächste Gelegenheit.

An der abschließenden Diskussion der einzelnen Sessions konnte und wollte ich mich nicht beteiligen. Ich hatte noch nichts zu sagen und gehörte schon damals nicht zu denen, die worthülsenmächtige belanglose Management-Plattitüden einwerfen.

Aber ich war ein konzentrierter und reflektierender Zuhörer und muss gestehen, dass Peter Drucker der Einzige war, der mich wirklich interessierte und mit dem ich mich fortwährend auseinandersetzte. In diesen Jahren habe ich alle Großen der Managementlehre von Michael Porter bis Henry Mintzberg kennengelernt – aber keiner hinterließ einen vergleichbar nachhaltigen Eindruck bei mir. Hinzu kam, dass eine Reihe der zumeist US-amerikanischen Referenten wortreich und eloquent über „Philosophy“ sprachen: Company Philosophy, Product Philosophy, Management Philosophy, Hiring Philosophy und mehr. Beim genauen Zuhören und Nachdenken über das mit Verve Vorgetragene fiel mir dann immer der Passus eines Briefes ein, den Hannah Arendt 1949 an Karl Jaspers geschrieben hatte:

„Manchmal frage ich mich, was wohl schwieriger ist, den Deutschen einen Sinn für Politik oder den Amerikanern einen leichten Dunst auch nur von Philosophie beizubringen.“[19]

Doch ein Satz des damaligen President und CEO von Nabisco Brands ist mir in Erinnerung geblieben: „I hate work, but I love to accomplish!“

---

19 Hannah Arendt, Karl Jaspers: Briefwechsel 1929–1969. München 1985, S. 165

Die nächste Gelegenheit, Peter Drucker nahe zu kommen, ergab sich 1984. Mein Freund Shafiq hatte es geschafft, dass ich zu einer exklusiven Runde mit dem Titel „Conversations with Peter Drucker" eingeladen wurde. Unter den sieben Teilnehmern waren u. a. die CEOs von Phillips und SAS, sowie der Finanzchef von Anheuser Busch und ich, the young Consultant from Germany. Das Ganze fand in einem Hotel namens „Griswold" statt – TV, two Pools – nicht gerade schön, aber praktisch für Peter, denn das Hotel lag nur wenige Schritte von seinem Haus entfernt.

Der erste Tag dieser dreitägigen Runde verlief für mich ähnlich den MCE-Konferenzen: Ich beschränkte mich auf das konzentrierte Zuhören. Doch am frühen Nachmittag schlug meine Stunde. Im Zusammenhang mit dem Problem der Inflation nahm Peter Drucker Bezug auf die Szene im 2. Teil des „Faust" von Goethe, in der der Teufel das Papiergeld erfindet und damit den Auslöser von Inflation.

Peter fragte in die Runde und keiner kannte die Textstelle im „Faust". Keiner außer mir, der sogar mit einem Mephistopheles-Zitat glänzen konnte. Voller Stolz rezitierte ich: „Ein solch Papier, an Gold und Perlen statt, ist so bequem, man weiß doch, was man hat."[20]

Ich spürte, wie beeindruckt Peter Drucker war und mich zur Kenntnis nahm. Dieser Eindruck verstärkte sich, als Peter im weiteren Verlauf eine Frage, deren Inhalt ich leider vergessen habe, mit den folgenden Worten an den Kreis richtete: „First, we ask this young German Consultant, who needs a haircut".

Beim Abendessen folgte dann der endgültige „Durchbruch". Ich hatte die Ehre zwischen Peter und Doris Drucker zu sitzen. Sofort entwickelte sich ein Gespräch zwischen Peter und

20 J. W. v. Goethe: Faust II, Erster Akt, Lustgarten. München 1994, S. 188 (Sonderausgabe, 15. Auflage)

mir. Wir sprachen über den aktuellen Zustand der deutschen Gesellschaft und Wirtschaft, aber vor allem über die großen Denker, die – wie wir feststellten – uns beide geprägt hatten: Max Weber, Wilhelm von Humboldt, Joseph Schumpeter, Alexis de Tocqueville; oder die amerikanischen Institutionalisten Veblen und Commons.

Im Verlauf der folgenden Jahre lernte ich mich durch Peter mit Fritz Mauthner, Friedrich Julius Stahl, Edmund Burke und vor allem mit Walter Bagehot auseinanderzusetzen. Über diesen schrieb Peter in Bezug auf die Vorgenannten:

> „But none of these is as close to me in temperament, concepts and approach as a mid-Victorian Englishman; Walter Bagehot … Bagehot first saw the emergence of new institutions: civil service and cabinet government as the cores of a functioning democracy and banking as the center of a functioning economy. Similarly, I was the first, a hundred years later, to identify management as the new social institution of the emerging society of organizations and to spot the emergence of knowledge as the central resource."[21]

Aber auch ich konnte später Peters Denken bereichern: durch das Werk von Helmuth Plessner[22] und vor allem durch die Arbeiten seines Schülers Christian von Krockow[23], dessen Umgang mit Sprache Peter sehr begeisterte.

Den Abend in Claremont im Frühjahr 1984 werde ich nie vergessen, denn damals begann unsere Freundschaft.

---

21 Peter F. Drucker: The Ecological Vision, Reflection on the American Condition. New Brunswick/London 1993, S. 442

22 Von Helmuth Plessner waren es vor allem seine Schriften „Macht und menschliche Natur" sowie „Die Verführbarkeit des bürgerlichen Geistes / Die verspätete Nation".

23 Von Christian von Krockow las Peter Drucker mit großer Begeisterung „Über die Deutschen", „Einspruch gegen die Zeit", „Die Zukunft der Geschichte" sowie „Politik und menschliche Natur".

An dieser Stelle sei angemerkt, dass Peter und ich unseren Austausch nie als eine ‚Plauderei ins Blaue' zwischen zwei Bildungsbürgern verstanden und geführt haben. Unsere Mühen des Denkens waren stets auf ein Ziel gerichtet, und das lautete: „Welche Verantwortung trägt das Management, speziell das Business Management, in Bezug auf die Gestaltung einer erträglichen Gesellschaft und wo liegen die Grenzen dieser Verantwortung?" Es versteht sich von selbst, dass wir darüber hinaus nicht nur gelegentlich ebenso die leichte Unterhaltung pflegten.

Dieser besagte Abend in Claremont ist mir noch aus einem anderen Grund in Erinnerung geblieben, denn an jenem Tag lernte ich erstmalig den liebenswerten, jedoch spröden Charme von Doris Drucker kennen.

Nachdem Peter und ich uns über „unsere" Denker vertieft hatten, wandten wir uns profaneren Dingen zu. Auch dazu konnten wir uns ergiebig austauschen. Unter anderem empfahl mir Peter, ich möge jetzt - also im April - unbedingt in die Mojave-Wüste fahren, weil alles so wunderschön blühe. Ein Traum von Farben! Voller Begeisterung beschrieb er eine Wunderwelt und wollte gar nicht damit enden. Es folgte die Entzauberung der blühenden Wüste, denn noch während Peters Hymne stieß mich Doris sanft in die Seite und sagte leise auf Deutsch: „Blühende Wüste!? Peter übertreibt wie immer maßlos!" Sie schüttelte den Kopf, lachte und beschrieb mit einer Geste von Daumen und Zeigefinger die ihrer Meinung nach wirkliche Größe der Wüstenblüte und das war kaum mehr als ein Zentimeter.

Seit diesem Abend blieben Peter und ich in Verbindung. Vor allem waren Brief, Fax und Telefon unsere Kommunikationsmittel - neben ungezählten Begegnungen. Er gab mir die Gelegenheit, als Gast an einigen seiner Seminare in Claremont teilzunehmen, und schickte mir regelmäßig seine aktuellen Veröffentlichungen. Bis zuletzt schrieb Peter kurze oder lange Texte auf einer alten Schreibmaschine.

Da ich beruflich von 1986 bis 1990 regelmäßig in Los Angeles County zu tun hatte, besuchte ich Peter und Doris mehrmals im Jahr in Claremont zu Hause, oft auch mit meinem US-Partner Richard O'Neill, der bei Peter studiert hatte und mit seiner Familie in Claremont lebte.

Im Frühjahr 1989 konnte ich Peter für zwei Vorträge in Düsseldorf gewinnen. Einen davon hielt er im besagten Schloss Benrath. Am Abend zuvor stellte er vor einem kleinen Kreis sein neuestes Buch „The New Realities" vor. Noch Jahre später kamen Teilnehmer der Runde auf mich zu, immer noch beeindruckt von Druckers Weitsicht. Er hatte nämlich an diesem Abend die Wahrscheinlichkeit des Zusammenbruchs des Sowjetimperiums angesprochen und dass dieser Niedergang, wenn er denn geschehe, seinen Ausgang mit dem Fall der Berliner Mauer nehmen würde.

Trotz eines gedrängten Programms fanden Peter und ich auch Zeit, uns über die leichten Freuden und Dinge des Lebens auszutauschen, und das waren viele, von denen ich eine Reihe heute – in Zeiten der Talibanisierung des öffentlichen Lebens – leider nicht öffentlich machen möchte. Ein Beispiel ist jedoch unverfänglich: Bei einem abendlichen Spaziergang am Rhein erklärte er mir nachdrücklich, ich solle nie im Sommer mit der Frau, die ich liebe, am Rhein zelten. Denn es seien dort so viele Mücken, dass die Auserwählte nicht nur vor diesen heimtückischen Insekten fliehen, sondern auch vor mir davonlaufen würde. Er hätte damit so seine Erfahrungen.

Während desselben Spaziergangs berichtete ich ihm, dass ich zum wiederholten Male seine Autobiografie „Adventures of a Bystander" gelesen hatte, und brachte meine große Begeisterung zum Ausdruck. Er antwortete lapidar: „Please Peter, don't forget, there is a lot of fiction in it." – getreu seinem Motto, das heute in jeder Zitatensammlung von ihm zu lesen ist: „I tell anecdotes to make a point, not to teach history."

Als ich Peter Drucker einlud, gleich im nächsten Jahr, also 1990, nach Deutschland – dieses Mal nach Frankfurt – zu kommen, um dort vorzutragen, zögerte er zunächst und schrieb mir in einem Brief: „I am by no means sure that it makes sense to come back two years in a row – one does wear out one's welcome. And so I want you to tell me frankly, if you think that we should not plan for anything next year – I would fully understand."

Doch dann fiel im November des Jahres die Berliner Mauer tatsächlich und nachdem ich ihn wiederholt bat zu kommen – gerade weil jetzt alles gen Osten blickt und man zunehmend vergaß, den Wandel der gesamten Welt im Auge zu behalten –, stimmte er, da er meine Auffassung teilte, freudig zu und faxte mir sogleich ein Konzept für das Seminar im Sommer zu:

> „But let me say a few words how to structure our meeting. First: You make the decision on topics – you know your public. The first topic I prepared in my February 2 letter – Basic Changes in World Economy and World Society and how they affect your Business – should be still a topic, of course. But as you point out. ‚Alles schaut nach Osten', in the next four months, that is until we meet there will be a million seminars in the Bundesrepublik devoted to the changes in the Ostblock (and will Gorbatchev still be there when we meet? His chances are hardly much better than 50/50). I think we ought to make sure that our meeting is different – why also would you import an expert from America? So, I would prepare a title that makes it clear that we shall look at the rest of the world (and what is beginning to happen politically in Japan may be of very great importance for instance). – But you make the decision!"

Die Veranstaltung, die im Kempinski Hotel Gravenbruch nahe Frankfurt stattfand, begann mit einem Abendessen. Ich hatte am Vormittag Peter vom Flughafen abgeholt und ihn in das Zimmer für ihn und Doris geführt. Es war eine große Suite und Peter witzelte bei seinem Eintritt: „Peter, was haben Sie da für einen Reitersaal organisiert!?"

Danach machten wir uns auf, um Doris abzuholen, die aus London eingeflogen kam. Auf unserem Weg trafen wir am Empfang des Hotels Erwin Barth von Wehrenalp, den ich auf Peters Wunsch hin eingeladen hatte und der zu den vielen außergewöhnlichen Menschen gehört, die ich durch Peter Drucker kennengelernt habe. Barth von Wehrenalp hatte nach dem Zweiten Weltkrieg den Econ Verlag gegründet und hat diesen viele Jahre als Verleger geleitet. Er gilt als Erfinder des Sachbuchs in der Bundesrepublik. Er war Österreicher wie Peter und als wir ihn trafen, lebte er nach dem Verkauf seines Unternehmens in Salzburg. Barth von Wehrenalp war nicht nur Peters Verleger in Deutschland, zwischen den beiden bestand zudem eine enge Freundschaft.

Beide Herren begrüßten sich mit größter Herzlichkeit. Doch da Peter darauf drängte, rechtzeitig am Flughafen zu sein, um Doris pünktlich in Empfang zu nehmen, vertagten wir uns auf den Abend.

Beim Hinausgehen sagte Peter zu mir: „Erwin ist ein wunderbarer Mensch, aber er ist sehr alt geworden, dabei ist er wesentlich jünger als ich." „Wesentlich" bedeutete im Drucker'schen Sinn Jahrgang 1911 im Vergleich zu seinem Geburtsjahr 1909.

Im Seminar behandelte Peter vor allem die Grundfrage eines Themas, mit dem er sich seit dem Ende des Kalten Kriegs bis zu seinem Lebensende beschäftigt hat und zu dem er 1995 in einem Beitrag im Atlantic Monthly ausführlich Stellung nahm: „Can Democracies Win the Peace?!"[24] Während die politische und wirtschaftliche Klasse in Deutschland (mit wenigen Ausnahmen) aus der Vereinigung und ihren Folgen ein

24 Can Democracies Win the Peace?, in: Peter F. Drucker: Managing in a time of Great Change, NewYork 1995, A. 307–340

„Festival der Selbstbestätigung“[25] machte und sich über die Wirklichkeit durch das Aufsagen von Phrasen hinweg illusionierte. Ich erinnere mich noch daran, wie der damalige bayerische Innenminister Stoiber über den Sieg der Marktwirtschaft schwadronierte.

1991 bekam die Freundschaft zwischen Peter und mir eine neue Qualität, oder besser gesagt: Vertiefung. Der Grund: Vera Tschechowa.

Vera und ich hatten im Juni des Jahres geheiratet und flogen wenige Tage später in die USA, um unseren Antrittsbesuch bei den Druckers in Claremont zu machen. Der Empfang durch die beiden war von einer rührenden Herzlichkeit, Vera wurde sofort in Beschlag genommen und ich musste mich, zumindest an diesem Tag, mit einer Nebenrolle zufriedengeben. In ihrem Wissen über Literatur, Theater, Film und die bildenden Künste war Vera einfach die ideale Gesprächspartnerin. Und zwar nicht nur für Peter, sondern vor allem für Doris, die sich oft über das Bildungsniveau der Amerikaner beklagte. Sichtlich empört berichtete sie uns einmal von ihrem Gespräch mit der Tochter einer Nachbarin über Shakespeares „Romeo und Julia“. Letztere hatte dazu nicht mehr anzumerken als: „Das ist doch dieser tolle Film mit Leonardo di Caprio und mit der hinreißenden Musik.“ Daher war es mehr als verständlich, dass Doris es vorzog, lieber mit Vera über die Arbeit von deren Urgroßonkel, dem russischen Schriftsteller Anton P. Tschechow zu sprechen. An diesem Tag meiner Nebenrolle konnte ich mich zumindest mit Peter ein wenig austauschen. Als ich ihm erzählte, wie sehr mir eine Reihe von von der Treuhand eingesetzten Managern und Ex-Politikern auf die Nerven ging, die mit einer Mischung aus Arroganz und Ignoranz als Aufsichtsräte oder Vorstände die in der Tat total verrotteten ehemaligen DDR-Kombinate in die weltwirtschaftli-

25 Vgl. hierzu Wolf Lepenies: Folgen einer unerhörten Begebenheit. Die Deutschen nach der Vereinigung. Berlin 1992, S. 31f

che Realität führen mussten (eine sicherlich undankbare Aufgabe noch dazu), entgegnete Peter lapidar: „Das kann ich gut nachvollziehen, das Leben ist schon schwer genug.“ Nebenbei eröffnete er mir, dass er seit kurzem mit einem Herzschrittmacher „ausgestattet“ sei. Der Grund: „Ich hatte eine Grippe, die ich nicht ernst genommen habe. Die Grippe aber hat mich ernst genommen ...“

Von diesem Tag an, im Juni 1991, wurde es eine Freundschaft zwischen Vieren.

Kurz nach unserem ersten Besuch in Claremont erhielt ich einen langen Brief von Peter, er schrieb unter anderem: „Secondly final information about my lecture tour in Europe: Management Center Europe. I will start in London and I'll ask Management Center Europe to invite you and I hope you and Frau Vera – AND ESPECIALLY FRAU VERA – can make it. Doris in particular INSISTS on meeting Vera again – she was deeply impressed by her and so was I.“

Seitdem war mir klar, dass, immer wenn Vera dabei sein würde, ich mich mit einer Nebenrolle würde zufriedengeben müssen, was mir allerdings nicht schwerfiel. So geschehen, ich glaube im März 1993 bei einer hochbesetzten Konferenz der MCE. Bei einem Abendessen waren wir vier an einem großen runden Tisch platziert. Doris und Peter bestanden darauf, dass Vera zwischen ihnen sitzt, während ich mich mit Nancy und Henry Kissinger ‚begnügen‘ musste. Gleich zu Beginn fragte mich Nancy Kissinger laut und für alle am Tisch hörbar, ob Rudolf Augstein immer noch so viel trinken würde. Leider konnte ich darauf keine Antwort geben, da ich Herrn Augstein nie kennengelernt hatte. Ansonsten entwickelte sich aber ein sehr angeregtes Gespräch mit einer geistreichen und humorvollen Nancy Kissinger.

1994 schenkten wir Peter zu seinem 85. Geburtstag neben der Biografie von Max Weber das Gedicht von Friedrich Torberg, „Sehnsucht nach Altaussee“. Der Dichter hatte es 1942 im kalifornischen Exil geschrieben. Es beginnt: „Wieder ist es Sommer worden / dritter, vierter Sommer schon. / Ist es Süden ist es Norden / wo ich von der Heimat wohn?“

Wir schrieben Peter, er möge den Text anstelle eines Geburtstagsständchens akzeptieren, da wir ihn nicht mit unserem Gesang erschrecken wollten. Die Antwort war ein langer, eng geschriebener sechsseitiger Brief, in dem Peter uns in einer Mischung aus Deutsch und Englisch Erinnerungen an seine Kindheit übermittelte, u. a. schrieb er, dass seine Eltern sehr oft mit ihm nach Altaussee gefahren sind. Doch seit Beginn der 1920er Jahre wurde es ihnen dort zu touristisch, so dass sie fortan zum nahe gelegenen Grundlsee gefahren sind, „where even a Reichsdeutscher was exotic at that time“.

In den folgenden Jahren intensivierten Vera und ich unsere Besuche bei den Druckers. Das Jahr 1995 aber hatte zwei besondere Höhepunkte. Der erste war ein mehrtägiger Besuch bei den Druckers in Claremont im Mai des Jahres. Am ersten Tag machten wir zu viert einen langen Spaziergang durch den botanischen Garten von Claremont. Doris und Vera waren nach einiger Zeit bedient von Peters und meinem Schlendern sowie von Peters Neigung, an jeder noch so kleinen Pflanze stehen zu bleiben und deren Herkunft zu erklären. Ich erinnere mich noch, als wir beide lange vor eine Lilie standen und er neben Erläuterungen zu dieser Blume über seine Verwandtschaft zum Dichter und Naturforscher Adalbert von Chamisso erzählte.

Vera und Doris hatten uns in der Zwischenzeit entnervt in Richtung des Fitness Centers von Doris verlassen, wo diese Vera alle Geräte vorstellte, die sie regelmäßig benutzte.

Peter und ich setzten derweil unseren Spaziergang fort. Peter war in keiner sonderlich guten Stimmung und sagte zu mir: „Die Weltlage bedrückt mich! Schauen Sie sich Ihr Land an. Die Gesellschaft ist krank und Ihre Wirtschaft auch. Hier bei uns ist bisher nur die Gesellschaft krank.“ Danach verriet er mir, dass er an einem neuen Buch zu schreiben begonnen habe. Das Thema dieses von ihm nie vollendeten Buches werde ich im nächsten Kapitel ausführlich behandeln. Der Titel des Buches lautet, wie bereits erwähnt: „Incorrect Reflections on a Wasted Century".

Am nächsten Tag führte ich mit Peter ein Gespräch für eine Publikation meines Unternehmens. Wir sprachen über Aufsichtsratsstrukturen in Deutschland und den USA sowie über eine Reihe von anderen Fragen des Managements. Meine letzte Frage an Peter lautete: „Sie kommen im Sommer nach Europa und halten u. a. in Berlin ein Seminar für die MCE. Ich glaube, Sie waren vor mehr als 60 Jahren, im Jahr 1932, zuletzt dort. Was erwarten Sie von Berlin?" Hierauf antwortete er wie folgt: „Ich freue mich sehr auf Berlin und bin sehr gespannt. Das Berlin zum Ende der Weimarer Republik habe ich nicht gemocht, es war mir zu frenetisch. Im Kunsthistorischen Museum in Wien hängt ein Breughel „Die Menschheit kurz vor dem Weltuntergang". Das war Berlin damals. Mit einem Wort: *Hohes Fieber.* Die Theater- und Opernaufführungen waren fabelhaft, aber das intellektuelle Leben war für mich unerträglich. Die Intellektuellen sympathisierten entweder mit den Nazis oder mit den Kommunisten. Da war der namhafte Banker, der sich zu seiner eigenen Dinnerparty um eineinhalb Stunden verspätete, weil er Holz hacken musste, nicht als Fitnesstraining. Er stand der KPD nahe, und man muss doch Schwielen an den Händen haben, wenn die Revolution kommt."

Am 29. Mai 1995 erhielten wir via Fax von Peter Drucker den Plan zum Ablauf des mehrtägigen Aufenthaltes der Druckers in Berlin.

„Samstagmorgen – den 10. Juni – werden wir Peter in unserem Hotel erwarten. Ich will in Berlin nur eines sehen: den Pergamon-Altar. Daher würde ich bitten, dass wir zuerst dorthin gehen. Dann in das von Peter vorgeschlagene Restaurant (ob es allerdings mit dem letzten, welches Peter für uns in

Franken gefunden hat, konkurrieren kann?). Ich werde eine schwere Woche vor mir haben. Ich muss doch ein bisschen Rücksicht auf mein Alter nehmen. Aber Doris ist sowohl vergnügungssüchtig als auch unermüdbar – und will alles (!!!) in Berlin sehen. Ob wir dann erwarten dürfen, dass Peter mit uns Abendessen isst, hängt natürlich davon ab, ob Sie, liebe Vera, in Berlin sein werden, oder ob Peter Junggeselle sein wird – jedenfalls halten wir den Abend frei. Am Sonntagabend hoffen wir dann doch, dass Sie beide so um 18.30 Uhr in unser Hotel kommen werden und wir irgendwo ein einfaches Abendessen zusammen haben werden. Die Auswahl des Lokals überlasse ich Ihnen. Aber erstens bitte ein ruhiges und keine Musik – meine Hörapparate können Hintergrundlärm nicht überwinden. Und zweitens Sie sind unsere Gäste. Doris wird am Montag das machen, was ihr am liebsten ist: flanieren. Peter, nehme ich an, kann ich ja wohl nicht davon abbringen, einen Tag mit Mir-Zuhören zu vergeuden – und Sie, liebe Vera, sind natürlich herzlichst eingeladen zu kommen, wann es Ihnen passt, und dabei zu bleiben, solange es Ihnen Spaß macht."

Natürlich wurde Peters Plan von Vera und mir umgesetzt. Wir hatten dann doch viel Zeit, die wir miteinander verbringen konnten. Das Restaurant in Berlin begeisterte Peter ähnlich, wie das in Franken und er ließ es sich nicht entgehen, an mehreren unserer Sightseeing-Touren für Doris teilzunehmen. Peter führte im Gegenzug Vera und mich auf eine Reise in das kulturelle, speziell das politische Geschehen der Jahre 1929 bis 1932.

Unser aktuelles politisches Gesprächsthema war – wie konnte es 1995 anders sein: die Zukunft der liberalen Demokratie. Peter hatte zu dieser Zeit seinen Beitrag „Can Democracies Win the Peace?" im Atlantic Monthly veröffentlicht.

1996 schrieb uns Peter, dass er keine großen Reisen mehr unternehmen werde und seine Vorträge mittlerweile via Satelliten halte. Eine große Reise stünde jedoch noch bevor. Der

Grund sei ein Buch von Doris, das sie neben dem Aufbau ihrer kleinen Ingenieurfirma geschrieben hatte. Ein japanischer Verleger sei dermaßen fasziniert von dem Buch, dass er – so Peter – „will wonders never cease – einen hochanständigen Vorschuss gezahlt hat". Zu Doris' Buch wird es im letzten Kapitel noch viel zu erzählen geben.

Im November 1997 reiste Peter Drucker doch wieder, dieses Mal allerdings virtuell, und zwar über eine Videowall aus einem Studio in der Nähe seines Heimatortes Claremont nach Hamburg ins Atlantic Hotel.

Die Veranstaltung fand am 19. November 1997 statt, es war Peters 88. Geburtstag.

Ron Sommer, damals Vorstandsvorsitzender der Deutschen Telekom, und Manfred Lahnstein, zu dieser Zeit Mitglied des Bertelsmann-Aufsichtsrates, leiteten die Diskussion vor über 100 Teilnehmern.

Vor nunmehr über zwanzig Jahren stellte Peter seinen Vortrag unter folgende drei Leitthesen:

> „(1) THE NEW WORLD ECONOMY AND IT'S REALITIES
> The most important of the realities is that we are moving rapidly from an INTERNATIONAL to a GLOBAL and TRANSNATIONAL economy. Money and Information have already become truly transnational; and so, rapidly is Finance.
> The next MAJOR REALITY IS THAT THE DEVELOPED COUNTRIES – all except the US – will face SHRINKING POPULATIONS and especially shrinking populations of people of traditional working age.
>
> (2) <u>THE NEW DEMANDS ON THE EXECUTIVE</u>
> First – and perhaps most urgent – is the demand to learn to convert DATA into INFORMATION … and mostly into information that is today not obtainable. The most important change in information is not in the technology of the computer though it will continue to change rapidly.

> Secondly: growth of a business will more and more come through all kinds of alliances and partnerships (including outsourcing) rather than through either internal growth or acquisitions. Increasingly every executive will have to learn how to be a PARTNER as well as a BOSS.
>
> (3) Finally, EXECUTIVES of all organizations – and especially of businesses – will have to learn to think, to plan and to act both, LOCALLY and GLOBALLY. The World Economy is fast becoming globally – especially in respect to competition. The World Polity is not becoming more integrated – on the contrary: there are enormous CENTRIFUGAL forces at work (and by no means only in the former Yugoslavia)."

Noch am Abend seines Geburtstages schrieb mir Peter ein Fax, in dem er sich für ein Geburtstagsgeschenk bedankte, um dann sofort zur Sache zu kommen:

> „Und dann bitte: teilen Sie mir mit, wie die heutige Veranstaltung gelaufen ist. War mein Deutsch noch genügend? Und habe ich Ihren Teilnehmern etwas Neues und auch etwas Wichtiges sagen können? Bitte berichten Sie."

Ein beispielhaftes Zeichen für die intellektuelle Redlichkeit und Gewissenhaftigkeit seiner Arbeitsweise.

Nach der Veranstaltung in Hamburg erzählte mir mein Mitgesellschafter Alexander Lentze, dass sein Klient Ron Sommer über Peter Drucker gesagt hatte: „Welch überragende jüdische Intelligenz!" Hätte Peter das gehört, wäre seine Antwort wohl ähnlich ausgefallen wie die des großen Kabarettisten Werner Finck bei einer sehr ernsthaften Gelegenheit: „Stimmt nicht! Ich sehe nur so intelligent aus".

Sicherlich gab es in Peters niederländischer Verwandtschaft jüdische Vorfahren und sicherlich benutzte Peter dies „to make a point". Doch eine Anekdote, die er mir einmal über seinen Bruder erzählte, macht deutlich, dass Sommer nicht ganz richtig lag: „Mein Bruder Gerhard ist Arzt, lebt auch in den Staaten und ist ein Kauz. Stellen Sie sich vor, er schreibt Gedichte in der Medical Review wie ‚Die größte Prostata, die ich je sah' – Er war schon immer ein Kauz. Als Kinder in Wien spielten wir beide oft in der Nähe der Rabbiner unserer Stadt. Gerhard war dermaßen begeistert von ihnen, dass er zu ihnen ging und sagte, er wolle Jude werden. Die antworteten jedoch, dass dies nicht möglich sei, da er keine jüdische Mutter habe. Daraufhin ging er zu unserer Mutter und beschwerte sich, dass sie keine Jüdin sei. Er war halt schon immer ein Kauz."

Ende der 1990er Jahre unternahm Peter, wie oben erwähnt, keine großen Reisen mehr, während Doris, wie Peter es formulierte, „überhaupt keine Alterserscheinungen zeigte". Sie verbrachte wie immer im Sommer mehrere Wochen in den Rockies in ihrer Mountain Cabin in über 2000 Meter Höhe und unternahm lange Flugreisen. Eines aber hatten die beiden gemeinsam – beide arbeiteten unermüdlich. Doris mit ihrer 1996 gegründeten Ingenieurfirma und Peter als Berater, Forscher und als Lehrender an der Universität und als Autor.

Ein Fax, das wir von ihm vor unserem Besuch bei den beiden Freunden im Frühjahr 1999 erhielten, beschreibt den Lebensinhalt der fast 90-Jährigen nachdrücklich:

> „… hoffentlich haben Sie doch genug Zeit für uns. Mein neues Buch (‚Management Challenges for the 21st Century'[26]) wird wahrscheinlich noch nicht erhältlich sein, wenn Sie hierherkommen. Es soll in der folgenden Woche für die Los Angeles Buchmesse erscheinen. Aber wenn Ihr dann von hier nach Hause kommt, werden Sie dann dort ein Exemplar der UK Ausgabe vorfinden – es wird gleichzeitig in den US, dem UK und in Japan erscheinen, Ende April, und dann während des Jahres in 16 anderen Ländern / Sprachen erscheinen – allerdings wahrscheinlich nicht vor dem Spätherbst in Deutschland (wieder Econ).

26 Peter F. Drucker: Management Challenges for the 21st Century. New York 1999

Sonst ist von uns nur zu berichten, dass wir beide viel zu viel arbeiten – Doris' Gesellschaft fängt jetzt an, Erfolg zu haben – nach drei Jahren harter Arbeit; und Doris ist mit Arbeit überwältigt. Ich habe viel zu viel Beratungstätigkeit – heute hatte ich eine sehr interessante kanadische Gesellschaft hier, die auch morgen wieder für einen Tag herkommt; und noch viel mehr Vorträge – allerdings beinahe alle via Satellit. Die zwei Tage in Pebble Beach sind eine Ausnahme. Aber wir beide wollen ja eigentlich überarbeitet sein – ich weiß nicht, wie ein Workaholic auf Deutsch heißt – wir beide sind es."

Im Oktober 1999 reisten Vera und ich wieder in die USA, dieses Mal nicht nach Kalifornien, sondern nach Savannah, Georgia. Im Zuge einer Regiearbeit von Vera – eine TV-Dokumentation über die Zusammenarbeit des Regisseurs Robert Redford mit dem deutschen Kameramann Michael Ballhaus – verbrachten wir zehn Tage dort und in South Carolina am Set der Dreharbeiten des Films „The Legend of Beggar Vance" mit Will Smith und Matt Damon in den Hauptrollen.

Von Doris Drucker wussten wir, dass Redford mehrfach Peters „Advanced Management"-Seminare besucht hatte, also sprach ich ihn eines Tages auf Peter Drucker an.

Er war tief beeindruckt von meiner Freundschaft zu Peter, aber vor allem voller Begeisterung und höchster Wertschätzung für dessen Werk. Er sagte zu mir: „Peter Drucker is the only Philosopher who understands that art and management belong together, that management in a certain sense is a liberal art."

Peter Drucker nahm meinen Bericht über das Gespräch mit Interesse entgegen, autografierte sein neuestes Buch für Redford, das ich diesem übergab, beendete aber den beiliegenden Brief mit den Worten: „... And is there any chance that you will be coming to South California next Spring?"

Natürlich reisten wir im Jahr 2000 und im Mai 2001 nach Claremont und es war wie immer mit den beiden eine große

Freude und ein großer Gewinn für uns. Das galt natürlich auch für den intensiven Austausch von Peter und mir zwischen den persönlichen Treffen. Ein zentrales Thema, mit dem wir uns zu dieser Zeit auseinandersetzten, waren Fragen des Aufsichtsrats und der Corporate Governance. Zu Letzterer schickte er mir im Juli 2001 folgendes Fax:

> „As to Corporate Governance it's BOTH fad and reality. In Germany it's, I'd say, however, far more reality than fad for the traditional German governance through the HAUS-BANK is rapidly disappearing and has, as I can see, not been replaced (and unlike the US is unlikely to be replaced by institutional investors since Germany has not built up the private pension funds into the majority owners of publicly listed companies, as in the US and in the UK).
> BUT also, in the next few years we in the US (but also the British) will have to learn to balance shareholder interests with the new PRIORITY to attract, hold, motivate and make productive the high-grade knowledge worker and the key word is HOLD.
> So far, our businesses have tried to do this in bribing the knowledge worker with money, stock options, bonuses – it doesn't work and is actually becoming disincentive now that the mad boom is over (it already is).
> And so CORPORATE GOVERNANCE – and to make sure that the business is actually run in the interest of the business rather than in that of any one group – is a REAL topic, and one that will be increasingly important in the US for the next ten years. HERE, i.e. in the US all the business meetings to which I am invited to speak NOW, talk only of attracting, holding and motivating the knowledge worker – five years ago they talked only of shareholder values."

Kaum zwei Monate später begann mit den Terrorattacken am 11. September des Jahres eine Serie von Erschütterungen, die die Weltlage bis heute maßgeblich bestimmen und zu signifikanten gesellschaftlichen Verwerfungen und globalen politischen Spannungen und Konflikten geführt haben.

Peter Drucker nahm Anfang Oktober zu diesen Vorgängen in einem Fax Stellung. Er antwortete auf meine Fragen, wie immer mit dem Blick aufs Ganze. Er hielt Voraussagen der Zukunft für vermessen und nannte seinen Blick in die Zukunft, intellektuell und rechtschaffen wie er war, „Gedanken für die Zukunft“[27]:

> „Dear Peter – your today's Fax: it was very good to hear from you and to hear that you and Vera are in good shape. SO ARE WE. The East (Boston especially, but also New York and Washington) are panicky. Out here everything is serene although I do not like the looming confrontation with ISLAM (I have expected it for a long time but it scares me – the underlying reason – the COMPLETE failure of Islam, militarily, politically and, above all, economically, will make the entire Mid-East (from Iraq to the Southern Philippines) an earthquake area for years to come). I am busy working. The (London) ECONOMIST had to postpone a long (20.000 words) survey of mine, entitled THE NEXT SOCIETY – scheduled for the week of the terrorist attack – it is now scheduled for the November 4 issue. And I just finished – to be published in the March issue – a long article for the HARVARD BUSINESS REVIEW entitled PEOPLE ARE OUR GREATEST LIABILITY – a title the Harvard Business Review will NOT use, I surmise. And on my desk, there are 95 EXCELLENT (and long) student papers to be read and graded THIS week!
> You ask for my reaction to the BERLIN elections. What the ‚US VIEW‘ is don't know – I suspect there is none. But as far as I am concerned it fits something you and I talked about briefly when you and Vera were last here: the increasing irrelevance of the traditional political alignments as the 19th century ideologies and their 20th century offsprings have become increasingly meaningless. Traditional parties are now all becoming ‚centrist‘. NEW Alignments are in the works –

27 Siehe hierzu auch: Peter F. Drucker: Gedanken für die Zukunft. Düsseldorf 1959

> they are being discussed (briefly) in THE ECONOMIST piece. BUT the ‚true believers' – the ones who want to hold on the old ideologists, whether ‚capitalism' or ‚socialism' – are drifting towards the extremes where the old slogans and clichés still resonate. You'll see this clearly in ALL developed countries. In the US, both the ‚radical' wing of the Democrats and the ‚radical' wing of the Republicans are drifting away from their old alignments – which allows a President (if he is very adroit) to run a strong bi-partisan CENTER policy while the Media are full of extremism of the right and of the left. And it means that traditional ideological parties, e.g. the German Sozialdemokraten will continue to lose to parties that represent the ‚OLD' and ‚principle' left – but, I suspect, it means also that even a Sozi-Communist coalition in Berlin will have to follow a ‚bourgeois' and CENTRIST line – nothing else works anymore.
> We are already very much looking forward to your coming here next Spring. But won't be too surprised if Ang Lee[28] decides to re-schedule and to do things SOONER – a lot of people and organizations in the US who did cancel and postpone are now re-re-scheduling to hold their event at the first possible date – we are beginning to realize what you in Germany learned twenty-five years ago, that one does not let TERRORISM interfere with normal life.'"

Immer wieder aber gelang es Peter – auch in weniger erfreulichen Zeiten – Vera und mich zu rühren und zum Schmunzeln zu bringen.

Meinen 52. Geburtstag verbrachten wir in Bad Fuschl, Österreich. Peter, der die Region sehr gut kannte, richtete zum 28. Oktober folgende Geburtstagsgrüße aus:

> „Lieber Peter; die allerbesten GEBURTSTAGSWÜNSCHE und GEBURTSTAGSGRÜSSE zu Ihrem Zwei und fünfzigs-

28 Meine Frau bereitete zu dieser Zeit eine filmische Dokumentation über den taiwanesischen Film-Regisseur Ang Lee vor.

ten von Doris und mir. UND DIE ALLERBESTEN WÜNSCHE FÜR DIE NÄCHSTEN VIERZIG JAHRE.
Hoffentlich ist das Wetter in Fuschl gut, es kann herrlich sein. Und Ende Oktober ist die beste Zeit in den Salzburger Alpen – gewöhnlich warme, heitere Tage und kühle Nächte. Und VERWÖHNT EUCH SEHR! Ich kenne die Fuschler Gegend nur, weil Hugo von Hoffmansthal's Witwe, Gertie, dort ein Häuschen hatte (nach seinem Tod in 1926 oder 1929) und wir (d. h. meine Eltern) sie dort öfter besuchten. Ich selber habe meine Urlaube lieber weiter südlich, d. h. in den Dolomiten, verbracht – schon, weil das Sommerwetter nördlich des Brenners ja gewöhnlich unerfreulich ist, während es südlich des Brenners gewöhnlich sehr schön ist. ABER Ende Oktober, d. h. nach dem ersten Schnee, sollte es ja in Fuschl sehr schön und heiter sein – und sowohl die Berge wie der See sind ja unsagbar schön. ALSO, genießt jeden Augenblick; und nochmals:
HAPPY BIRTHDAY AND MANY, MANY HAPPY RETURNS
A BIG BIRTHDAY HUG from both Doris and me and our love to both of you."

Das Jahr 2002 wurde insbesondere für Peter ein turbulentes Jahr in mancherlei Hinsicht: Im März teilte er mir mit, dass in Kürze seine wohl wichtigste Sammlung von Beiträgen aus 65 Jahren mit dem Titel „A Functioning Society"[29] erscheinen werde.

Ich schrieb ihm damals:

„Ihre Anthologie ‚A Functioning Society – Gemeinschaft und Gesellschaft' hat mich sofort angeregt, den – alten – jungen Ferdinand Tönnies: ‚Gemeinschaft und Gesellschaft: Grundbegriffe der reinen Soziologie' hervorzuholen. Ich bin so sehr gespannt auf Ihre Sammlung!"

---

29 Peter F. Drucker: A Functioning Society, Selections from Sixty-Five years of Writing on Community, Society and Polity, New Jersey, 2003

Noch am selben Tag sendete er mir seine Antwort:

> „Dear Peter, many thanks for the Manager Magazin Interview. She did a good job. Attached the Harvard Business Review story.
> I am impressed by your immediately catching the reference to TOENNIES – he was indeed the first and greatest influence on me (I first read him – by pure accident – in Hamburg in 1927 or 1928 when I was a deadly bored Kaufmannslehrling there."

Da wir gerade dabei waren, umzuziehen, fügte er folgendes P.S. hinzu:

> „Ein altes Wiener Sprichwort (Nestroy) sagt: ‚Dreimal umgezogen ist, wie dreimal abgebrannt'".

Einen Monat zuvor hatte das Manager Magazin einen längeren Beitrag von Peter veröffentlicht, auf den sich sein Dank in dem genannten Fax bezog. Ebenfalls im Frühjahr desselben Jahres bereitete ich einen Round Table mit einem kleinen Kreis von Entscheidungsträgern aus Wirtschaft, Politik und Kultur vor, eine Veranstaltung die ich damals regelmäßig durchführte. Dieses Mal lautete das Thema: „Aufsichtsrat und Top Management öffentlicher Unternehmer im Spannungsfeld zwischen Markt und Politik".

Wie so oft bat ich Peter um Rat:

> „Der CEO von Vivendi Environment wird aus der Sicht des privaten Investors die Einführung zum Thema geben. Sein Unternehmen ist gemeinsam mit RWE und dem Land Berlin seit zwei Jahren Gesellschafter der Berliner Wasserbetriebe, dem größten Wasserversorger und Abwasserentsorger Kontinental-Europas. Wir haben es hier mit einer der Allianzen, oder wie Sie es auch bezeichnen ‚dangerous liaisons', zu tun, die sowohl im privaten als auch im public sector immer häufiger auftreten. Meine Fragen an Sie, lieber Peter, sind folgende:

1. Können diese Allianzen auf Dauer angelegt sein oder sollten diese Konsortial-Verträge flexibel und kurzfristig konzipiert werden?
2. Welche Rolle bzw. zusätzliche Aufgaben kommen dem Aufsichtsratsvorsitzenden bzw. dem Aufsichtsrat zu, um diese Allianzen effektiv zu machen?
3. Bei der Besetzung einer jeden Middle Management bzw. Professional Position wird ein ausführliches Anforderungsprofil formuliert. Bei der Besetzung von Aufsichtsräten wird weniger professionell verfahren, zumindest in Deutschland. Ich vermute, dass weniger als 10 % der Aufsichtsrats-Positionen – inklusive Vorsitz – über ein professionelles Anforderungsprofil besetzt werden. Was denken Sie?
4. Wir erfahren in Deutschland seit Jahren die Praxis, dass der Vorstandsvorsitzende nach Ende seiner Amtszeit nahezu automatisch in den Aufsichtsratsvorsitz wechselt (siehe Bayer, Deutsche Bank, Schering etc.). Ich bin sicher, dass auch in diesen Fällen nicht die Anforderung im Vordergrund steht, sondern dass vielmehr ein Ritual praktiziert wird, und zwar ein gefährliches für das Unternehmen. Wie ist Ihre Meinung? Gibt es in den USA ein vergleichbares Phänomen?“

Nach zwei Tagen bekam ich von Peter eine ausführliche und äußerst hilfreiche Stellungnahme zu meinen Fragen.

> „… your four questions require a big book to answer. I'll try to give enough of a reply to help you.
> First your question #3 – NO, practically no US company has any organized way to recruit or to check members of the board of Directors. It is a mess.
> Your questions No. 1 and 2. There are several different kinds of alliances and the purpose decides whether the alliance is designed to be short-term or permanent. The three main types of alliances are: (1) an alliance for a specific project, e.g. the development of a product. The project itself may be long-term; in fact, if successful it may well become a separate company – and it always requires its own management.

But the alliance is typically short-term until the project is either a success or abandoned. Then the partners simply become shareholders and may or may not keep their share holdings … (2) an alliance that is a step in a proposed acquisition or merger – example the alliance between US General Motors and the Italian Agnellis under which GM acquired 20% of FIAT with an option to buy another 25 or 27% within the next five years and thus become the controlling owner of FIAT – that is also a short-time alliance. Another example is the alliance between Daimler-Benz and Mitsubishi Trading Company under which Daimler-Benz has now acquired 37 percent of Mitsubishi Motors and put its own management in – making Mitsubishi Motors in effect a fully-managed subsidiary. Mitsubishi Trading is believed to have agreed to sell to Daimler Benz the rest of its holdings of Mitsubishi Motors (said to be another 20%). (3) the true joint venture like your Berliner Wasserbetriebe which is usually meant to be long-term (RWE was for the entire years of the Weimar Republic such a permanent joint venture). I always recommend that in every alliance there is provision for dissolving it – with a pre-arranged price – but that is rarely done.
Your question #4. This question rests on two common European misunderstandings regarding the USA. First that there is a VORSTAND in the USA – practically yes of course, legally NO. US Corporation law knows only the Board of Directors. Secondly there MUST be a US ‚system' – there is none. Every company can arrange things the way IT wants to. The CEO in practically all companies is a member of the Board of Directors – as are, usually, a few additional members of the Board of Management (Vorstand). And in many companies – perhaps the majority of all companies that are not publicly traded (that is the overwhelming majority of all businesses, especially the small and middle-sized ones) the Vorstands-Mitglieder are at least the overwhelming majority of the Board of Directors – only publicly listed companies (companies listed on the Stock Exchange) MUST have board members who are NOT full-time employees of the

company. Typically – probably in the majority of all US companies – the head man is BOTH, Chairman of the Board and CEO. When there is a different chairman it is usually a transition period – the former Chairman and CEO is in the process of retirement and has brought in the next CEO but still stays on – usually only for a few years – as Chairman. When he then finally steps out as chairman, he stays on the board in many companies till he reaches retirement age (if the company has one for board members which is by no means universal though becoming common of at least accepted). But in some companies, anybody who retires MUST retire totally and absolutely – one example is the General Electric Company (GE). Jack Welch had to leave his office and the office building on the day on which he retired as Chairman and CEO and is not even allowed to set foot in ANY GE facility – except as invited guest at the annual Christmas party. The same rule applied at CITIBANK, at least before it was acquired by Sanford Weil and Travellers. When Walter Wriston retired as Chairman and CEO of Citibank in 1981, he had to move into his own separate office outside the Citibank building and is not even allowed to come to the Citibank when he has lunch with one of these old colleagues. But these are exceptions. Normally, as I said before, Chairman and CEO are the same person; or the Chairman is a TOTAL outsider – e.g. a representative of the family that founded the company and still owns some stock. BUT again – just to show you that we have no system – there are some companies that have a two-men top management, with a chairman – a full-time employee of the company (though rarely in these cases a former CEO) in charge, e.g. of International and a CEO (also a member of the board, of course – CEOs practically ALWAYS are) in charge of the Domestic Business – or a Chairman in charge of Research (as in one of our major pharma companies) and a CEO in charge of everything else. In these companies, the chairman REPORTS to the CEO!

I hope you are sufficiently confused now to realize that the European belief that the US must have a SYSTEM is a delu-

sion. And, by the way, to confuse you further: there is NO US Aktienrecht. Corporation law is a state matter; and the 50 states have each its own corporation law – and they are not necessarily identical. In fact, there are substantial differences, especially in the rights of the Board of Directors. AND the New York stock exchange (or rather the agency that regulates the US stock exchanges, the Securities Exchange Commission (SEC has its own set of rules which publicly traded companies (and not only publicly LISTED companies) MUST observe. All of which (a) means that our lawyers get rich; and (b) that there is absolutely no point trying to draw parallels between US and European conditions though the French concept of the VORSTAND as an Administrateur delegue of the Board comes closer to the US conditions than the German Aktienrecht.)
P.S.: Perhaps the easiest way to understand the US is to accept that the country is run by LAWYERS and that the FIRST purpose of every law and even regulation is to make the lawyers rich.“

Auch in diesem Jahr verabredeten wir mit den Druckers einen Besuch in Claremont. Dieses Mal für den Spätsommer. Anfang Juli erhielten wir von Doris eine höchst erfreuliche Nachricht. Sie informierte uns, dass Peter am 9. Juli des Jahres mit der Presidential Medal of Freedom ausgezeichnet wird, der höchsten Auszeichnung für Zivilpersonen in den USA. Dies löste bei uns allen größte Freude aus. Peters Berichterstattung fiel allerdings eher nüchtern aus und schnell hatte er sich wieder seinen ‚Priorities‘ zugewandt:

„... it was a very nice ceremony – more a family party than an ‚official‘ event. We spent two days in Washington – Doris raced around visiting museums; I took it easy. But we also spent two days on airports – and air travel is no longer much fun. We sat and sat and sat. I am almost recovered – and now I have two big writing projects ahead of me. First THREE additional one-hour online teaching devices; very interesting and actually a lot of fun to do but an enormous

> amount of work. And then the six lectures (given twelve times since I'll repeat each for our alumni and their associates and the Los Angeles area) for the University which I'll deliver beginning in October – but the manuscripts should be ready by the end of August."

Ich hatte schon seit einiger Zeit überlegt, wie ich Peter auf meine Art Dank sagen könnte für all das, was er für mich getan hatte. Beim wiederholten Lesen seiner ersten Veröffentlichung „Friedrich Julius Stahl: Konservative Staatslehre und geschichtliche Entwicklung"[30] kam mir eine Idee.

Die besagte Schrift wurde 1933 in der renommierten Reihe „Recht und Staat in Geschichte und Gegenwart" des J.B.C. Mohr Verlages Tübingen veröffentlicht und war eine vehemente Verteidigung des Rechtsstaates. Die Nationalsozialisten, die sich hochgradig provoziert fühlten, verbannten und verbrannten die Schrift sogleich. Peter Drucker, der genau das im Sinn hatte, war darauf vorbereitet und verließ Deutschland auf schnellstem Weg.

Diese Schrift war bis dato nie wieder veröffentlicht worden und der Zufall wollte, dass „Society", das führende Journal für Soziologie in den USA, die englische Fassung des Textes publizierte. Das bestärkte mich in meinem Vorhaben, eine Festschrift zum 70. Geburtstag von Peters Schrift zu F.J. Stahl zu initiieren. Er warnte mich zwar nachdrücklich vor der vielen Arbeit, doch war er sofort bereit, den einführenden Beitrag zu verfassen:

> „Lieber Peter – your idea of a Festschrift is most honorific. BUT I am afraid you don't realize how much work it would be (I helped edit one once, forty years ago, and it was an enormous amount of work.)

---

30 Peter F. Drucker: Konservative Staatslehre und geschichtliche Entwicklung. Tübingen, 1933

> Yes, the STAHL essay appeared seventy years ago; by the way it has just been reprinted in its English translation in SOCIETY magazine, our leading academic sociological journal. It reads totally outdated and obsolete, by the way – I cannot figure out what a reader today, whether German or American, could possibly make of it. But to get the contributors – that's by the way probably the easier part of the job. To get them (a) to send in their contributions on time and (b) to edit (translate may be the right word) their contributions into something that can be printed, is an IMPOSSIBLE Job. BUT if you pull it off – I would not only be greatly honored but also be more than happy to write the introductory essay."

Durch Peters letztlich motivierende Antwort auf meine Anfrage nahm das Projekt „Festschrift" an Fahrt auf, die allerdings kurze Zeit später durch eine Mail von Doris jäh eingebremst wurde. Sie teilte uns mit, dass Peter sich einer schweren Darmoperation hatte unterziehen müssen und ihm ein mehrmonatiger Aufenthalt in Intensivstation und Reha-Center bevorstehe.

Erst nach drei Monaten erhielt ich das erste Lebenszeichen von ihm. Er schrieb am 12. November.

> „Ich bin wieder zu Hause und werde bald anfangen ein bisschen zu arbeiten. Die Fax-Maschine funktioniert (909–626–7366). Wir sind bestimmt im Januar-Februar hier und würden uns sehr freuen, Sie und Vera hier begrüßen zu können."

Am Tag seines 93. Geburtstages, am 19. November 2002, schrieb er mir einen langen Brief, der mir signalisierte, dass er auf dem besten Weg zur völligen Gesundung war, denn er begann bei der Organisation der Festschrift mitzuwirken.

> „My warmest regards to you and Vera for your kind birthday wishes, which I greatly appreciate. Doris and I spent a very pleasant and quiet birthday. Our weather is gorgeous,

> and I am slowly beginning to work again, though only very slowly so far. By the end of the year I should be back fully.
> I am overwhelmed by your idea of a Festschrift. Peter, you don't know what you let yourself in for. This is a frustrating enterprise. Three times as much work as it should be, and little thanks. Contributors, especially from academia, don't do the best work, especially for somebody else, i.e., for a Festschrift, and also are likely to do so at the very last minute or well beyond it. I should know. Thirty years ago, I edited one for the Graduate Business School of New York University [and I had to rewrite more than half of the contributions to make many acceptable]. And no one reads a Festschrift.
> You ask me for my comment on your prospective title: I think it is excellent. You also asked me for names of potential contributors."

Das Projekt Festschrift schritt zu Beginn des Jahres weiter voran, insbesondere, da Peter sich nach seiner Genesung immer intensiver engagierte. Anfang Januar sandte er mir eine lange Liste namhafter Persönlichkeiten als mögliche Autoren, die bis auf wenige Ausnahmen ihre Mitwirkung zusagten.

> „I am still concerned about the Festschrift you are planning. Frankly, Peter, I do not believe that you can imagine how much work and frustration that is, but if you insist on going through with this idea, here are a few names of people whom you might consider as contributors from outside of Europe:"

Anfang Mai besuchte ich die Druckers und unser Hauptthema war natürlich die Festschrift.

Etwa zu gleicher Zeit veröffentlichte das Manager Magazin eine kurze Rezension von mir zu Peters Buch „A Functioning Society", die Peter höchst erfreute:

> „Das Lesen hat für mich generell einen sehr hohen Stellenwert, hält es doch das Ding in Bewegung, das wir zwischen den Ohren tragen. Peter F. Drucker zu lesen ist aber immer

etwas Besonderes. Nicht nur, weil ich ihn Freund, Ratgeber und Lehrer nennen darf; sondern vor allem, weil er wie kein anderer geschichtliche und gegenwärtige Prozesse in Wirtschaft und Gesellschaft deutend analysiert und seine Erkenntnisse in einer klaren, für jedermann verständlichen Sprache darlegt – weit weg von dem Rezepte-für-Sieger-Müll, der sich üblicherweise in Managementbüchern findet. Zweifelsohne ist Peter F. Drucker der bedeutendste Managementdenker unserer Zeit. Sein Wirken geht aber weit über die bloße Lehre von der Unternehmensführung hinaus. Peter F. Drucker behandelt das Bedürfnis der Gesellschaft nach Kontinuität auf der einen Seite sowie das Erfordernis von Wandel auf der anderen Seite. Die notwendige Balance zu schaffen zwischen dem Bewahren von wertvollen Traditionen und dem konsequenten Initiieren von Veränderung und Fortschritt ist, so Drucker, die Kernaufgabe von Entscheidungsträgern. Sei es im Krankenhaus, in einer Regierungsbehörde oder in einem Unternehmen. Druckers neuestes Buch ‚A Functioning Society' enthält eine faszinierende Sammlung von Texten aus 65 Jahren wissenschaftlicher Arbeit über den eben beschriebenen Themenkreis."

Der Sommer 2003 in Claremont war besonders heiß, so dass Doris uns schrieb, man könne „Spiegeleier auf den Zementplatten des Gartens backen". Das hinderte sie jedoch nicht daran, wie immer in den Rockies Urlaub zu machen.

Peter hingegen blieb in Claremont und vertiefte sich immer mehr in das Buchprojekt. Am 19. August erreichte mich folgendes Fax von ihm:

„Lieber Peter,
Your fax dated August 18;
We are having a very warm summer – which is, of course, usual with us. Doris is working like a fiend.
But she had three weeks in our mountain cabin in Colorado. She is still hiking like a twenty-year old. I spent these weeks in a nursing home nearby – I can't stay alone by myself anymore, I am afraid, – where they took excellent care of me –

außer, dass sie mich überfüttert haben (I don't know how you say that in English). Now I am back home too and trying to get some work done. Though I am officially retired, the university keeps me very busy – we are starting a few new programs in which I am involved. And I do give a series of lectures – the first was in late July – three more to come, in late September, October and November.
Your book project is most impressive. Congratulations to having found such a first-rate publisher. And as to my contribution – first: should it be the book's opener or the book's end? There is much to be said for it being the closing of the book. After all, it would look a little peculiar if a contribution by me were to open a book entitled ‚Peter Drucker zum 95. Geburtstag'. But YOU make that decision. My suggestion would be that YOU open the book with a short introduction; followed by Simon on ‚Konservative Werte und effectives Management – Peter Drucker's Lebenswerk' (or some such title). MY contribution would then constitute the CONCLUSION. But if you and your colleagues feel that I should open the book (and the Publisher might have the deciding word), I'd be happy to oblige.
As to the contribution itself it could take one of THREE forms. It could be an essay of mine reflecting on the book's LEITMOTIV. Frankly that strikes me as much weaker than a DIALOGUE between the two of us that reflects on the book, on its Leitmotiv and if available on some of the main contributions) and on my work as you and I see it. And that could take the form of a face-to-face discussion (but only after substantial preparation on YOUR main questions)."

Zu Peters 94. Geburtstag schickte ich ihm das Buch „Einspruch gegen den Zeitgeist" von Christian von Krockow[31]. Peter war außerordentlich begeistert von der Arbeit des von mir höchst geschätzten Soziologen und Philosophen. Er wird uns im Ver-

31 Christian von Krockow: Einspruch gegen den Zeitgeist. Hamburg 2003

lauf des Buches noch häufiger begegnen. Nachfolgend Peters Eloge auf von Krockow:

> „Dear Peter;
> My warmest thanks for your lovely birthday wishes and for the nice birthday present. Doris whisked it away until the actual date – next week – but I looked at it; and what I have read of Krockow so far – a little bit – fascinates me. This is a new and very attractive German – the language has not only fully recovered from its destruction during the Nazi period. It has – judging by writers like Krockow acquired a new strength and Biegsamkeit (flexibility isn't quite the same thing) that makes it very attractive. I am particularly sensitive to this as I am now reading what used to be considered the high point of German when I was a boy – the translations of Dostojevski (my father's close friend, Jakob Wassermann – also for many years our closest neighbor), considered them as the models of modern German and made me read them when I was a boy. I am re-reading them now with great enjoyment. But Krockow is new and, as I said, ‚biegsamer' and stronger. Many many thanks."

Das Festschriftprojekt entwickelte sich schneller als erwartet und nach Absprache mit dem Verlag wurde mit dem Juli 2004 der Erscheinungsmonat festgelegt.

Meine ursprüngliche Idee einer Festschrift wurde verständlicherweise aus Gründen der Vermarktung aufgegeben. Stattdessen sollten Peter und ich als Herausgeber des Buches fungieren.

Peter selbst hatte mir schon Monate vorher diesen Vorschlag gemacht. Am 20. November informierte ich Peter über mein Gespräch mit den Verlagsvertretern zu dieser Veränderung und noch am gleichen Tag erhielt ich seine Zustimmung.

Was er allerdings überhaupt nicht für möglich hielt, war, dass die Deadline für das Erscheinungsdatum eingehalten werden könnte. Doch Peter irrte sich, was selten passierte.

Dennoch waren die Monate bis zur Veröffentlichung arbeitsreich und hektisch. Anfang Mai 2004 lagen sämtliche Beiträge vor. Peter bestätigte den Erhalt in einem handgeschriebenen Fax und merkte an „die Beiträge sind alle ausgezeichnet, besonders der Ihrige". Für einen Moment wuchs ich von meiner Normalgröße von 1,90 m auf 1,95 m, doch ich wurde sehr bald wieder in die raue Wirklichkeit zurückbefördert.

Am 25. Mai führten Peter und ich unseren abschließenden Dialog in Claremont und im Juli erschien unter dem vom Verlag vorgeschlagenem Titel „Kardinaltugenden effektiver Führung" unser Buch.

Peter Drucker arbeitete unermüdlich weiter. So machte er wieder einmal eine Ausnahme und schrieb auf meinen Wunsch den einleitenden Beitrag der Festschrift für Fredmund Malik. Er verfasste eine Vielzahl von Artikeln, lehrte an der Universität und setzte seine Beratertätigkeit bis zu seinem Lebensende – selbst im Schlaf – fort.

Doris Drucker erzählte mir über einen Traum von Peter, den er hatte, kurz bevor er starb. In diesem erklärte er Goethe, was Flugzeuge sind.

Ende 2003 schrieb Peter mir noch im Zusammenhang mit der Herausgabe unseres Buches:

> „Nun ihre Frage: Nächstes Frühjahr bin ich sicher zuhause, falls ich noch am Leben bin – ich reise nicht mehr, obwohl ich, wie ich Ihnen ja schon schrieb, voll tätig bin – auch für's nächste Frühjahr ist schon viel geplant. Vor allem drei große Konferenzen an der Universität, eine im Januar, eine im Februar und die letzte Ende März. Im Dezember / Januar habe ich vor, zwei große Artikel zu schreiben – basierend auf meinen Universitäts-Vorträgen in diesem Herbst.
> Lieber Peter; ich bin ganz von dem, was Sie für mich vorhaben, überwältigt. Und ich bin HÖCHST dankbar. Alles Gute

> Ihnen und Frau Vera – und ich freue mich schon auf das Wiedersehen nächstes Frühjahr.
> In hochgeschätzter Freundschaft
> Euer Peter Drucker“

Ich hatte das große Glück, dass Peter im nächsten und in dem darauffolgenden Frühjahr noch lebte. Bei beiden Begegnungen war er wie immer hellwach, getreu seinem Lebensmotto:

> „Zum Sehen geboren, zum Schauen bestellt“[32]

Und genau so werde ich meinen lieben Freund für immer in Erinnerung behalten.

32 Das Türmerlied. Aus: Faust 2. Teil, 5. Akt, Tiefe Nacht, Lynkeus der Türmer

2 Zwischen Skepsis und Hoffnung – ein konservativ-christlicher Anarchist und das vergeudete 20. Jahrhundert

Am 14. März 2003 schickte ich Peter Drucker folgendes Fax:

> „Let me just ask you the following: You remark on page 23: ‚The United States as a world power – perhaps as the world power – will certainly have to use her power politically, that is as power. But if the American century means nothing except the material predominance of the United States, it will be a wasted century.'[33]
> Remembering when we both walked through Claremont's Botanic Garden – I think in '95 or '96, you said that you are up to write a book titled ‚incorrect reflections on a wasted century'. You never did so! May I conclude that the 20th Century wasn't wasted. I'm very keen on your reply."

Innerhalb weniger Minuten erhielt ich seine Antwort:

> „Dear Peter,
> No, the only conclusion is that I wasted much of my time – not writing the TRULY important books I should have written. My non-written books greatly outnumber my written ones – and some such as THE WASTED CENTURY and ORGANIZING IGNORANCE might have been a great deal more important than the – easier ones – I wrote instead."

---

33 Peter F. Drucker: The Future of the Industrial Man (1942), 1995 Edition, New Jersey, S. 190

Warum war das 20. Jahrhundert für Peter Drucker ein vergeudetes Jahrhundert?

Zur Beantwortung dieser Frage ist es erforderlich, auf Druckers Konzept von der erträglichen Gesellschaft als der dem Menschen angemessenen Lebensform einzugehen. Zu dieser Gesellschaft wird der Anspruch des anderen auf ein erträgliches Leben von den Bürgern gegenseitig ernst genommen. Die materielle Kultur als Voraussetzung für diese Lebensform ist die freie Marktwirtschaft:

> „Was jedoch absolut notwendig ist – sonst wird die Freie Marktwirtschaft noch nicht einmal als wirtschaftliche Institution funktionieren –, ist das, was die Politikwissenschaftler des 19. Jahrhunderts als Rechtsstaat bezeichneten und was wir heute Menschenrechte nennen: eine soziale und politische Ordnung, die die Persönlichkeit und das Eigentum des Staatsbürgers effektiv vor willkürlichen Übergriffen von oben schützt. Die Menschenrechte garantieren dem Staatsbürger die Freiheit, einer Religion einer Wahl anzugehören, einen Beruf seiner Wahl auszuüben, autonome soziale Institutionen zu gründen und ohne Diktat irgendeiner Obrigkeit frei zu lesen, zu reden, zu schreiben und zu denken.“[34]

Der bescheidene Begriff „erträglich“ verdeutlicht Peter Druckers Verständnis vom Können des Menschen und von den Grenzen dieses Könnens. Der Kant'sche Satz, dass vom „krummen Holze“, woraus der Menschen gemacht ist, nichts Gerades gezimmert werden kann, könnte auch von Drucker kommen. Besser noch charakterisiert folgendes Zitat von Helmuth Plessner Druckers Menschenbild: „Nur der Mensch hat, weil er weder Engel noch Tier ist, die Möglichkeit, ein Wolf im Schafs-

34 Peter F. Drucker: Können die Demokratien den Frieden gewinnen? In: ders.: Umbruch im Management. Was kommt nach dem Reengineering? Düsseldorf 1996, S. 267. Originaltitel: Can Democracies Win the Peace? In: Management in a Time of Great Change. New York 1995, S. 2

pelz oder ein Schaf im Wolfspelz zu sein, – nicht zu vergessen die häufigste Form: Schaf im Schafspelz."[35] Perfektion ist für den Menschen nicht möglich, weder in seiner Eigenschaft als Person noch in seiner Eigenschaft als Mitmensch. Weder der Einzelne kann in seiner Lebensführung vollkommen werden noch ist eine perfekte Gesellschaft möglich. Aber das Streben danach ist ein Anliegen des Menschen, seitdem er existiert. Auch hierzu äußert sich Plessner im Sinne von Drucker: „Um so dringender braucht unsere Gesellschaft, will sie frei bleiben, einen Schutz gegen sich selbst, damit ihr die schöpferischen Kräfte nicht verschüttet werden, deren Quellen im einzelnen Menschen liegen: in seinem Gewissen, seinem Widerspruchsgeist, seinem kritischen Vermögen, seiner unstillbaren Sehnsucht nach einer besseren Welt."[36]

Für Drucker liegt es in der Verantwortung des freien Bürgers, nach dieser erträglichen lebenswerten Gesellschaft zu streben. Zum Streben nach dieser lebenswerten Gesellschaft gehört, so Drucker, ein Fundament, ohne das keine Gesellschaft als freie Gesellschaft existieren kann.

> „Man in his social and political existence must have a functioning society just as he must have air to breathe in his biological existence.
> A society may be based on concepts and beliefs developed to organize a specific physical reality. Or it may rest on foundations as alien to its surroundings as were those of Robinson Crusoe's society to San Juan Fernandez. But it must always be capable of organizing the actual reality in a social order. It

35 Helmuth Plessner: Das Problem der Öffentlichkeit und die Idee der Entfremdung (1960). In: ders.: Schriften zur Soziologie und Sozialphilosophie. Gesammelte Schriften X. Frankfurt am Main 2003, S. 224

36 Helmuth Plessner: Wissenschaft und moderne Gesellschaft (1961). In: ders.: Schriften zur Soziologie und Sozialphilosophie, Gesammelte Schriften X, Frankfurt/Main 2003, S. 149

> must master the material world, make it meaningful and comprehensible for the individual; and it must establish legitimate social and political power.
> No society can function as a society unless it gives the individual member social status and function, and unless the decisive social power is legitimate power. The former establishes the basic frame of social life: the purpose and meaning of society. The latter shapes the space within the frame: it makes society concrete and creates its institutions. If the individual is not given social status and function, there can be no society but only a mass of social atoms flying through space without aim of purpose. And unless power is legitimate there can be no social fabric; there is only a social vacuum held together by mere slavery of inertia.“[37]

Im weiteren Verlauf des Textes, stellt Drucker die Frage, was zuerst zu entwickeln sei, die grundlegenden politischen Konzepte oder die grundlegenden politischen Institutionen. Eine Frage so alt wie das politische Denken selbst und eine Frage, die den theoretischen Disput zwischen Aristoteles und Plato auslöste. Doch trotz der Weihe durch die Antike und durch große Namen war diese Frage für Drucker ohne Bedeutung.

> „There can be no question of primacy – neither in time nor in importance – between basic political concepts and basic political institutions. Indeed, it is the very essence of political thought and action that they have always one pole in the conceptual realm of beliefs, aims, desires, and values and one in the pragmatic realm of facts, institutions, and organizations. The one without the other is not politics. The exclusively conceptual may be sound philosophy or sound ethics; the exclusively pragmatic, sound anthropology or sound

37 Peter F. Drucker: A Functioning Society. Selection of Sixty-Five Years of writing on Community, Society and Polity. 2003, New Jersey. S. XV-XVII

> journalism. Alone, neither of them can make sound politics or, indeed, politics at all."[38]

So weit meine Ausführungen zu den Grundpfeilern der politischen Theorie von Peter Drucker. Doch die vielen Rückschläge im Verlauf des 20. Jahrhunderts bei dem Versuch, dieses Konzept mit der Wirklichkeit zu vereinen, ließen ihn zwar mit Hegel sagen: „Umso schlimmer für die Wirklichkeit", hielten ihn aber nicht davon ab, ein Leben lang danach zu streben. Jedoch die vielen „Narben" machten ihn mit den Jahren zu einem – wie er es nannte – konservativ-christlichen Anarchisten. Als Mitsiebziger sagte er in einem Interview zum Abschluss: „Henry Adams called himself a conservative christian Anarchist. I am getting close."

Im Abschlussgespräch zu unserem Buch gab er mir 2004 die Antwort darauf, was es für ihn bedeutet, ein konservativ-christlicher Anarchist zu sein:

> „Ein konservativ-christlicher Anarchist, ja das bin ich mehr oder weniger! Je älter ich werde, umso skeptischer werde ich gegenüber all den Versprechen, die die Menschheit durch eine Gesellschaft erlösen wollen. Ich denke, dass eine der wesentlichen Erfahrungen, die wir in den letzten 50 Jahren gemacht haben, darin liegt, dass wir zunehmend desillusioniert wurden von ‚Volksverglückung' und zunehmend zur Überzeugung gelangten, dass es keine perfekte Gesellschaft gibt, sondern nur eine erträgliche. Man kann verbessern, aber nicht perfektionieren – und dies ist ein konservatives Konzept, aber ebenso auch ein christliches, da es den Schwerpunkt auf das Individuum und seinen Glauben legt und das Ende nicht in dieser Welt, sondern außerhalb dieser Welt sieht. Darum bin ich konservativ-christlich und Anarchist in dem Sinne, dass ich zunehmend misstrauisch werde gegenüber Regierungen – nein, das ist das falsche Wort – gegenüber Macht. Als Philosoph – der ich nicht vorgebe zu

38 Ebd., S. XVII

sein – habe ich immer Macht als das zentrale Problem und die Lust an der Macht als die Grundsünde des Menschen angesehen – nicht Sex. Sex ist keine Sünde, das haben wir mit allen Tieren gemein. In diesem Sinne bin ich Anarchist, aber ungleich den Anarchisten akzeptiere ich das Erfordernis von Regieren und Regierung. Der von mir am meisten geschätzte politische Philosoph ist Wilhelm von Humboldt, der Gründer der Universität Berlin im Jahr 1809. Er hat als junger Mann von 23 Jahren ein wunderbares Buch über den Mythos der Französischen Revolution geschrieben. Darin enthalten ist ein Essay mit dem Titel ‚Die Grenzen der Wirksamkeit des Staates'. Dieses Thema bildet den Mittelpunkt meines Interesses. Diese Fragestellung veranlasste mich, mich mit den Wirtschaftsunternehmen zu beschäftigen und den anderen autonomen Institutionen unserer Gesellschaft, die soziale Aufgaben übernommen haben und somit die Macht des Staates einschränken. Deshalb nenne ich mich auch heute einen konservativ-christlichen Anarchisten, allerdings in dem eben beschriebenen sehr speziellen Sinn."[39]

Druckers Antwort enthält erste Hinweise darauf, warum er das 20. Jahrhundert als ein vergeudetes bewertete. Dies gilt insbesondere für die Rolle des Staates und der Staatsführung. Ich werde im Verlauf dieses Kapitels im Zusammenhang mit Druckers Begründung des vergeudeten 20. Jahrhunderts hierauf zurückkommen. Doch zunächst möchte ich einiges zu seinem Verständnis von einem konservativ-christlichen Anarchisten klarstellen, natürlich aus meiner Sicht, also wie ich ihn in seiner Persönlichkeit über mehr als zwei Jahrzehnte Freundschaft wahrgenommen habe.

Peter Drucker bezeichnete sich als einen konservativ-christlichen Anarchisten und nicht als einen christlich konservativen Anarchisten. Er hat nie, wie es z. T. in den USA, dem

39 Peter F. Drucker, Peter Paschek (Hrsg.): Kardinaltugenden effektiver Führung, München 2004, S. 225f.

Land der religiösen Aufgeregtheiten, zum Ausdruck kommt, das Christliche überbetont und sein Werk allein auf die Grundlage der christlichen Lehre gestellt. Eine Aussage aus dem Jahr 1989 von ihm möge das unterstreichen:

> „Very bluntly, people are dreadfully bored with theology […] and I sympathize with them. I've always felt that quite clearly the good Lord loves diversity. He created 25.000 species of flies. If he had been like some theologians I know, there would have been only one right specie of fly."[40]

Hier kommt Druckers Offenheit für andere Möglichkeiten des Menschseins deutlich zum Ausdruck, die zwar beliebig ist, die aber auf den Absolutheitsanspruch der eigenen Weltsicht verzichtet.

Natürlich waren er und damit sein Werk durch den christlichen Glauben und durch christliche Werte geprägt. Der Glaube aber war für ihn vor allem Hoffnung. Das brachte er kurz nach Ende des Zweiten Weltkriegs, als ein Großteil der Menschheit noch immer in Verzweiflung verharrte, in einem Beitrag über Kierkegaard zum Ausdruck:

> „Glaube ist die Überzeugung, dass in Gott das Unmögliche möglich sei, dass durch Ihn Zeit und Ewigkeit Eins sind, dass sowohl das Leben wie auch der Tod eine Bedeutung hat. Glauben ist das Wissen, dass der Mensch Kreatur ist – nicht autonom, nicht Herr, nicht Schlusspunkt, nicht das Zentrum – und doch verantwortlich und frei."[41]

Frei, das bedeutet für Drucker auch die Möglichkeit des Menschen, sich gegen die Menschlichkeit zu entscheiden. Denn Druckers Weltansicht ist eine geschichtliche. Menschlichkeit

---

40 Nach Peter Steinfels: A Man's Spiritual Journey From Kierkegaard to General Motors. New York Times, November 2005.

41 Peter F. Drucker: The Unfashionable Kierkegaard (1949). In: ders.: The Ecological Vision: Reflections on the American Condition. New Brunswick 1993 (Deutsche Übersetzung von Richard Brem)

und Menschenrechte sind für ihn eben keine überzeitlichen Instanzen, sondern kulturelle Errungenschaften, denen der Mensch als „Neinsagenkönner“ (Max Scheler) gegenübersteht.

Zur Wiederveröffentlichung seines Kierkegaard-Beitrags[42] schreibt er 1993:

> „The Lutheran Protestantism of my childhood was so ‚liberal‘ that it consisted of little more than a tree at Christmas and Bach cantatas at Easter. And the Pastor—attendance at whose religion class, two hours a week, was still mandatory in the Austrian Gymnasium of my childhood – hardly aimed much higher. Thus, I was totally unprepared, when, barely nineteen – a bored trainee at an export house in Hamburg, employed mainly in copying invoices for shipments of padlocks to India or to East Africa – I encountered Kierkegaard's masterpiece ‚Fear and Trembling‘. I even then probably knew that my own work would be totally in society – though by then I also did suspect that it was not going to be in business and that I was, indeed, most unlikely to become a ‚commercial success.‘
> And even though I later did teach religion for a few years (though only in the side) my work has indeed been totally in society. But I knew at once, in those far-back days of 1928, that my life would not and could not be totally in society, that it would have to have an existential dimension which transcends society.
> ‚The Unfashionable Kierkegaard‘ was thus written as an affirmation of the existential, the spiritual, the individual dimension of the Creature. It was written to assert that society is not enough – not even for society. It was written to affirm hope.“

Wenige Jahre vor dem Erscheinen des Kierkegaard-Beitrags verfasste Peter Drucker 1942 sein Buch „The Future of the Industrial Man“. Neben Verzweiflung bestimmte zusätzlich Hoff-

42 Peter F. Drucker: ebd., S. 426

nungslosigkeit die Stimmung in großen Teilen der Welt. Im Vorwort zu der Neuausgabe dieses Buches 1995 schrieb er:

> „In those days everyone worried – and with good reason – how to survive the war, and how not to be defeated by the forces of darkness. I worried too, of course; many a night during the month this book was written, I could not go to sleep. Yet, this book almost alone in those days – dared ask: ‚What do we hope for the postwar world? What must we do to deserve one?' ‚Because I have never been an optimist, I have to keep on trying', a close friend said when he started a ‚new career' at age seventy-eight. It might have been the motto of this book."[43]

Allerdings war eine Aussage Peter Druckers in dem oben besprochenen Kontext für mich zunächst schwer nachvollziehbar. Es handelt sich um eine Passage seines 1957 erschienenen Buches „Landmarks of tomorrow", in dem er sich mit den heraufkommenden Wissensgesellschaften auseinandersetzt:

> „What we need is a return to spiritual values, a return to religion ... society needs a return to spiritual values – not to offset the material but to make it fully productive ... Mankind needs the return to spiritual values, for it needs compassion ... The individual needs the return to spiritual values ..."[44]

Doch dann wurde er deutlich und erläuterte, worum es ihm ging: „Yet things are not so simple as the battle cry ‚Return to Religion' might seem to imply!"

Für Peter Drucker stellte sich die zentrale Frage, unter welchen Voraussetzungen eine erträgliche Wissensgesellschaft zu gestalten ist, in der Wissen zur entscheidenden Ressource und

---

43 Peter F. Drucker: The Future of the Industrial Man. Erstveröffentlichung 1942, 1995 Edition, New Jersey, S. 12

44 Peter F. Drucker: The Landmarks of Tomorrow. Erstveröffentlichung 1957, New Jersey 1999, S. 264f.

damit zur Macht wird. Eine Gesellschaft, in der Wissen nicht bedroht wird, sondern Wissen zur Bedrohung des Menschen werden kann.

> „We cannot say any longer: ‚Knowledge is truth' or ‚All power corrupts.' We must accept new propositions: Knowledge is power, and power is responsibility.
> Knowledge and power have been problems of man since the Garden of Eden. Now they are in the center of his existence. "[45]

Daraus folgte für Peter:

> „The individual needs the return to spiritual values, for he can survive in the present human situation only by reaffirming that man is not just biological and psychological being but also spiritual being, that is creature, and existing for the purpose of his Creator and subject to Him. Only thus can the individual know that the threat of instant physical annihilation of the species does not invalidate his own existence, its meaning and its responsibility. Only thus, above all, can he survive as a person under totalitarianism. Man, if he owns a spiritual nature in addition to his physical, psychological and social being, can never be entirely controlled by the ‚knowledge' of totalitarianism. The mere existence of spiritual man proves the knowledge of the totalitarians to be false and vain."[46]

Obschon Peter Drucker diesen „battlecry for religion" niemals wiederholte, habe ich ihn Anfang der 1990 Jahre darauf angesprochen und gefragt, ob er damit nicht zu sehr das Religiöse in den Vordergrund gerückt habe und das vernachlässigt habe, um das es eigentlich ging und geht: die Erneuerung des politischen Humanismus frei von kulturimperialen Ansprüchen und im Zeichen der Geschichtlichkeit des Menschen.

45 Ebd., S. 266f.

46 Peter F. Drucker: ebd., S. 265

Seine genaue Antwort ist mir entfallen, ich weiß nur, dass sie mich überzeugte, sowohl inhaltlich als auch in der für Drucker typischen Selbstironie. Sie erinnerte mich an eine Anekdote über Max Scheler, der auf die Frage, er habe doch viele seiner Freunde zum Katholizismus bekehrt, in etwa antwortete: „Das mag ja sein, aber ich habe meine Verrücktheiten nie selbst mitgemacht."

Peter Drucker war, auch in den dunkelsten Phasen des 20. Jahrhunderts, weit davon entfernt, das Religiöse überzubewerten. Auch in den eben genannten Passagen aus „Landmarks of Tomorrow" ging es ihm vor allem darum, „to make a point".

Endlichkeit, Kontingenz und die Unergründlichkeit des menschlichen Lebens als verbindlich hinnehmen und gestärkt durch den Glauben, dass der Mensch nicht Schlusspunkt ist und doch verantwortlich und frei seine Lebensführung gestalten kann, ist das christliche Moment im konservativ-christlichen Anarchisten Peter Drucker. Ansonsten war sein „Protestantismus" bis ins hohe Alter so „liberal" wie in seiner Jugend. Dabei war ihm immer bewusst, dass es neben eines, in dem Fall seines liberalen, christlichen Glaubens viele Wege gibt, das Leben eines lebensbejahenden, streitbaren politischen Humanisten – der er letztlich war – zu führen.

Auch das erwähnte Buch Druckers „The Future of the Industrial Man", das 1942 erstmals veröffentlicht wurde, „affirms hope", weist aber auch auf zukünftige Gefahren hin. Diese Mischung aus Hoffnung und Skepsis entsprang seinem klaren, unverstellten Blick auf die Realität und auf die Natur des Menschen. Es war ein humorvolles, beinahe liebevolles Verständnis für die „Unzulänglichkeiten des alten Adam". Dieses Verständnis aber endete abrupt, wenn Machtmissbrauch und Verantwortungslosigkeit ins Spiel kamen.

Wissend um die Konstanten des menschlichen Handelns setzte Drucker 1942 zwar große Hoffnung auf die Vereinigten Staaten in der Wahrnehmung ihrer außenpolitischen Vorbildfunktion für eine freie Gesellschaft. Er warnte aber gleichzeitig vor den Gefahren eines vergeudeten 20. Jahrhunderts, falls die USA in dieser Rolle versagen sollten.

> „If the free industrial society is to be developed in a free, nonrevolutionary, nontotalitarian way, there is only one country that can do it today: the United States.
> In our time the driving forces, the basic beliefs and institutions will have to be in the United States and will have to radiate from here [...]. For the United States has become the strategic, political and economic center of international gravity. She has the most highly developed, most advanced and most powerful industrial mass-production system.
> The United States as a world power – perhaps as the world power – will certainly have to use her power politically; that is, as power. But if the American century means nothing except the material predominance of the United States, it will be a wasted century. Some people today seem to think that it is the destiny of the United States to out-Nazi the Nazis in world conquest and to substitute the Yankee as the master race for Hitler's Nordics; some even call that ‚fighting for democracy.' But this way would not lead to America's strength and greatness but only to her downfall. It would also not lead to a solution of the basic social crisis of which this war is but an effect.
> The task of the statesman is not to forget physical reality but to organize it for the fulfillment of his beliefs and concepts; and one indispensable requirement of such organization is that it works. The ‚idealist in politics' will always make a fool of himself and of the people who trust him. And the ‚politician' who sees nothing, but organization never knows what he is striving for. The statesman who alone can be truly successful in politics can solve pragmatic problems of power and organization as well as the trickiest politician without ever giving up or compromising his basic principles. He never loses sight of the fact that ideal aims can be fulfilled only through institutional organization. On the other hand,

> he knows that principles, while not determining how to do things, decide what one does and why."[47]

Eine eher versteckte, aber ebenso deutliche Warnung wie die von Peter Drucker kam zehn Jahre nach Druckers „The Future of the Industrial Man" von Reinhold Niebuhr. Drucker stand dem Denken des Theologen, Philosophen und Historikers Niebuhr sehr nahe. In seinem Buch „The Irony of American History" leitete dieser 1952 das letzte Kapitel unter der Überschrift „The American Future" mit folgenden Worten ein:

> „NATIONS, as Individuals, may be assailed by contradictory temptations. They may be tempted to flee the responsibilities of their power or refuse to develop their potentialities. But they may also refuse to recognize the limits of their possibilities and seek greater power than is given to mortals. Naturally there are no fixed limits for the potentialities of men or nation. There is therefore no nice line to be drawn between a normal expression of human creativity and either the sloth which refuses to assume the responsibilities human freedom or the pride which overestimates man's individual or collective power. But it is possible to discern extreme forms of each evil very clearly; and also to recognize various shades of evil between the extremes and the norm."[48]

Peter Drucker war enttäuscht von der „Ironie" der amerikanischen Außenpolitik, eine Außenpolitik der guten Absichten, die immer wieder scheiterte bei dem Versuch, diese guten Absichten mit der Wirklichkeit zu versöhnen.

Diese Enttäuschung bedrückte Peter Drucker aus verständlichen Gründen bis in das neue Jahrtausend. Im März 2003 beendete Peter Drucker – im Bewusstsein, dass in weni-

47 Peter F. Drucker: The Future of the Industrial Man (1942), New Jersey 1993, S. 190f.

48 Reinhold Niebuhr: The Irony of the American History. London 1952, S. 112

gen Tagen der 2. Irakkrieg beginnen würde – ein Fax an mich wie folgt: „We are now in a very depressing mood. I don't have to explain it, do I!?"

Aber auch durch die wenig erfreuliche Politik der guten Absichten konnte Peter Druckers Humor nicht erschüttert werden. Er bemerkte hierzu lapidar: „If you are in bed with an elephant, it doesn't matter, if the elephant means well!"

Das Scheitern der US-Außenpolitik war der wesentliche Grund für Peter Druckers Einschätzung eines vergeudeten 20. Jahrhunderts, doch nicht der einzige. Die Schrecklichkeiten der verschiedenen blutigen Revolutionen und die sich daran anschließenden Verbrechen totalitärer Regime gehörten dazu, denn, so Drucker:

> „To be sure, this century of ours may well have been the cruelest and most violent in history, with its world and civil wars, its mass tortures, ethnic cleansings, genocides, and holocausts. But all these killings, all these horrors inflicted on the human race by this century's ‚charismatics,' hindsight clearly shows, were just that: senseless killings, senseless horrors, ‚sound and fury, signifying nothing.' Hitler, Stalin and Mao, the three evil geniuses of this century, destroyed. They created nothing."[49]

Aber nicht nur der Totalitarismus, sondern die permanent zunehmende Macht der Staatsführung in den westlichen Demokratien gehörte für Peter Drucker zu den Enttäuschungen des 20. Jahrhunderts. All diese Entwicklungen machten ihn zu dem konservativ-christlichen Anarchisten in dem Sinne, wie er es in unserem Gespräch 2004 erläuterte. Den christlichen Aspekt davon habe ich bereits an anderer Stelle behandelt. Was bedeutet der konservative Anarchist Peter Drucker?

---

49 Peter F. Drucker: The age of social transformation. (1994). Atlantic Monthly, 274, 53–80.

Anarchist wurde er durch zunehmendes Misstrauen gegenüber Macht. Machtmissbrauch und die Lust an der Macht waren für ihn die Grundsünden des Menschen. Aber ungleich den Anarchisten hielt Drucker die Institution des Regierens und der Regierung oder Staatsführung für eine der Grundvoraussetzungen einer funktionierenden Gesellschaft. Zur Verhinderung einer entgrenzten Staatsführung ist es für ihn jedoch erforderlich, permanent die Grenzen der Wirksamkeit der Regierung in Frage zu stellen, zu prüfen und gegebenenfalls zu verändern. In diesem Kontext bezog sich Peter Drucker auf den von ihm so hochgeschätzten politischen Philosophen Wilhelm von Humboldt und auf dessen Schrift „Ideen zu einem Versuch die Wirksamkeit des Staates zu bestimmen“[50]. Hier noch einmal seine zentrale Aussage zu von Humboldt:

> „Der von mir am meisten geschätzte politische Philosoph ist Wilhelm von Humboldt, der Gründer der Universität Berlin im Jahr 1809. Er hat als junger Mann von 23 Jahren ein wunderbares Buch über den Mythos der Französischen Revolution geschrieben. Darin enthalten ist ein Essay mit dem Titel ‚Die Grenzen der Wirksamkeit des Staates‘. Dieses Thema bildet den Mittelpunkt meines Interesses. Diese Fragestellung veranlasste mich, mich mit den Wirtschaftsunternehmen zu beschäftigen und den anderen autonomen Institutionen unserer Gesellschaft, die soziale Aufgaben übernommen haben und somit die Macht des Staates einschränken.“[51]

Genau in diesem skeptischen Sinn gegenüber Machtgier und entgrenzter Staatsführung versteht sich Drucker als Anarchist.

50 Wilhelm von Humboldt: Ideen zu einem Versuch die Gränzen der Wirksamkeit des Staates zu bestimmen (1791) In: ders., Schriften zur Anthropologie und Geschichte, Darmstadt, 2002, S. 56–234

51 Peter F. Drucker, Peter Paschek (Hrsg.): Kardinaltugenden effektiver Führung, ebd., S. 224

Die Realitäten, die ihn zu dieser Überzeugung führten, hat er in vielen seiner Schriften eingehend analysiert und bewertet.

Besonders nachdrücklich tat er dieses mit dem Kapitel „The Sickness of Government“ in seinem Buch „The Age of Discontinuity“. Diese Schrift hatte nicht nur maßgeblichen Einfluss auf die Wirtschaftspolitik von Margaret Thatcher im Vereinigten Königreich, sondern das eben erwähnte Kapitel daraus veranlasste Präsident Nixon zu einer Replik. Die Anekdote hierzu erzählt Peter Drucker:

> „Let me illustrate with something from the history of the book itself. Chapter 10, ‚The Sickness of Government‘ was published in a magazine a few months before the book itself appeared, and just when Richard Nixon was sworn in for his first presidential term. Mr. Nixon took occasion, in one of his first public speeches as president, sharply to attack the book. ‚Peter Drucker,‘ he said, addressing the employees of the Department of Health, Education and Welfare (HEW), shortly after his inauguration in early 1969, ‚says that modern government can only do two things well: wage war and inflate the currency. It is the aim of my administration to prove Mr. Drucker wrong.‘ In one way, Mr. Nixon did indeed prove me wrong – though hardly in the way in which he meant it. His administration showed in Vietnam that modern government may perhaps not even know how to wage war – though it also showed that it knew only too well how to inflate the currency. But in the sense in which Mr. Nixon meant his attack on the book to be understood, his administration amply proved the thesis of this book. For the earthquake, the volcanic eruption of Watergate, very largely resulted from the fundamental discontinuity between the sickness of Government, which this book identifies and discusses, and Mr. Nixon's attempts to defy this reality through his ‚Imperial Presidency‘.“[52]

52 Peter F. Drucker: The Age of Discontinuity (1969). New Jersey 2003, S. XII

„The Sickness of Government", „The Disenchantment with Government", „The failure of the Megastate" oder „The Obsolence of the Cold War State": Peter Drucker geht scharf ins Gericht mit der Regierungspolitik der westlichen Staatsführungen im 20. Jahrhundert auf internationaler, nationaler, regionaler und kommunaler Ebene.

Zum Verständnis dieser negativen Einschätzung bedarf es einer schwerpunktartigen Darstellung der Grundpositionen Druckers zur Verantwortung der Staatsführung in der modernen Gesellschaft. Zunächst macht er deutlich, dass es ihm nicht um ein Plädoyer für die Rückkehr des Nachtwächter-Staates geht:

> „Yet never has strong, effective, truly performing government been needed more than in this dangerous world of ours. Never has it been needed more than in this pluralist society of organizations. Never has it been needed more than in the present world economy.
> We need government as the central institution in the society of organizations. We need an organ that expresses the common will and the common vision and enables each organization to make its own best contribution to society and citizen and yet to express common beliefs and common values. We need strong, effective governments in the international sphere so that we can make the sacrifices of sovereignty needed to give us working supranational institutions for world society and world economy.
> The answer to diversity is not uniformity. The answer is unity. We cannot hope to suppress the diversity of our society. Each of the pluralist institutions is needed. Each discharges a necessary economic risk. We cannot suppress the autonomy of these institutions. Their risk makes them autonomous whether this is admitted by political rhetoric or not. We therefore have to create a focus of unity. This can only be provided by strong and effective government."[53]

53 Peter F. Drucker: ebd., S. 225

Ein „effective government“ hat sich für Peter Drucker zwei zentralen politischen Herausforderungen zu stellen:

1. Das Zusammenleben der Bürger in der Gesellschaft zu organisieren.
2. Eine Balance zwischen Bewahren und Verändern anzustreben, insbesondere in turbulenten Zeiten. Oder mit den Worten des von ihm hochgeschätzten Christian von Krockow: „Politik lässt sich damit bestimmen als der Kampf – vor allem der organisierte Kampf – über die Wahrung oder Veränderung bestehender Verhältnisse.“[54]

Daran schließt sich die Frage an, wie sich ein „effective government“ zur Erreichung der genannten Ziele in diese „Kampfhandlungen“ einbringen muss. Kampf natürlich im Verständnis der liberalen Demokratie, also ein zivilisiertes Austragen von Konflikten. Konkret: Was muss ein „effective government“ tun, um diese Ziele mit der politischen Wirklichkeit zu versöhnen. Auf keinen Fall, so Peter Drucker, bedeutet es „Doing“, Regierungshandeln heißt für ihn zuallererst „Richtung weisen“ und Bedingungen gestalten:

> „The purpose of government is to make fundamental decisions, and to make them effectively. The purpose of government is to focus the political energies of society. It is to dramatize issues, it is to present fundamental choices.
> The purpose of government, in other words, is to govern. This, as we have learned in other institutions is incompatible with ‚doing.‘ Any attempt to combine governing with ‚doing‘ on a large scale, paralyzes the decision-making capacity. Any attempt to have decision-making organs actually ‚do‘ also means very poor ‚doing.‘ They are not focused on

54 Christian von Krockow: Politik und menschliche Natur: Dämme gegen die Selbstzerstörung, Stuttgart 1987, S. 36

> ‚doing.' They are not equipped for it. They are not fundamentally concerned with it."[55]

Doch anstatt „to govern" entwickelte sich der Nationalstaat mit dem Ende des 19. Jahrhunderts vom „Provider" zum „Doer". In dem Kapitel „From Nation State to Megastate" in seinem 1992 erstveröffentlichten Buch „The Post-Capitalist Society" macht Drucker deutlich, dass die über vierhundertjährige Geschichte des Nationalstaates – beginnend mit seiner Entstehung – durch ein Paradoxon bestimmt war:

> „For the great political thrusts in these four centuries were all attempts to transcend the nation state and to replace it with a transnational political system, whether a colonial empire or a European (or Asian) superstate. These were the centuries in which the great colonial empires rose and fell – the Spanish and the Portuguese empires emerging in the sixteenth and collapsing in the early nineteenth century; then, beginning in the seventeenth century and continuing into the twentieth, the English, Dutch, French and Russian empires. As soon as a new major player emerged on the stage of world history during these four centuries, he immediately set about transcending the nation state and transforming it into an empire – Germany and Italy, barely unified, went in for colonial expansion between 1880 and World War I, with Italy trying again as late as the 1930s. Even the United States became a colonial power in the early twentieth century. And so did the one non-Western country to become a nation state – Japan.
>
> In Europe itself, the home of the nation state, these four centuries were dominated by one attempt after the other to establish a transnational superstate. Six times in this period did one European nation state attempt to become the ruler

55 Peter F. Drucker: The Age of Discontinuity: Guidelines to Our Changing Society, S. 232

> of Europe and to transform the nation state into a European superstate under its domination and control.“[56]

Das Konzept des Nationalstaates geht zurück auf den französischen Staatsrechtler und politischen Philosophen Jean Bodin (1530–1596). Bodins Idee vom Nationalstaat und den diesem zugrunde liegenden Institutionen konnte allerdings europaweit nur deshalb mit großer Begeisterung aufgenommen werden, weil die Bedrohung durch Spaniens Versuch, ein europäisches Imperium unter seiner Führung zu schaffen, derartig groß war, dass der Nationalstaat als übergeordnetes Gewaltmonopol die einzige Alternative blieb, um der Unterwerfung unter eine fremde Macht (also Spanien) zu entgehen.

> „And it was only because the threat was so great and so real that Bodin's recommendations were accepted: the nation state and its institutions; a centrally controlled civil service answerable only to the sovereign central control of the military and a standing army officered by professional soldiers appointed by and accountable to central government; central control of coinage, taxes, customs; a centrally appointed professional judiciary rather than courts staffed by local magnates. Each of them threatened a powerfully entrenched ‚special interest‘ of earlier times: an autonomous Church and exempt bishoprics and abbeys; local lords of all sizes, each with his own armed retainers owing fealty only to him, and each with his own jurisdiction and his own taxing powers; free cities and self-governing trade guilds, and scores of others. But the Spanish bid for mastery of Europe left no alternative to them; it was either subjection to the national sovereign or conquest by a foreign sovereign. From then on, practically every change in the political structure of the European nation state was caused – or at least triggered – by similar attempts to gain the mastery of Europe and to re-

56 Peter F. Drucker: The Post-Capitalist Society, S. 104

> place the nation state by a superstate dominated in turn by France, Germany or Russia."[57]

Doch all diese imperialen Versuche scheiterten letztlich.

Ein wesentlicher Grund hierfür lag in der Unfähigkeit des Imperiums, über den Aufbau von entsprechenden Institutionen integrative politische Strukturen für das Zusammenleben aller Bürger des Imperiums zu etablieren.

Und immer, wenn ein Imperium zerfiel, waren die Nationalstaaten an der Reihe, denn „Modern Empires lacked integrative Power. But the nation state alone could integrate, could form a polity – i.e. a political society – could create citizenship."[58]

Doch dieser Erfolg des Nationalstaates führte zu einer signifikanten Überschätzung seiner Möglichkeiten und die Grenzen der Wirksamkeit des Nationalstaats wurden mehr und mehr überschritten: Der Nationalstaat, so Drucker, mutierte zum „Megastaat".

> „The national state was designed to be the guardian of civil society. The Megastate became its master. And in its extreme, totalitarian, form, it replaced civil society altogether. In totalitarianism all society became political society."[59]

Zu diesem Komplex machte Peter Drucker eine für ihn typische Anmerkung:

> „The first to understand this was not a political scientist or a politician, but a novelist. Franz Kafka's (1853–1924) two novels, ‚The Trial' and ‚The Castle' – both only published after his death – are the most penetrating analyses of the Megastate, as they were the earliest."[60]

57 Peter F. Drucker: The Post-Capitalist Society, London 1993, S. 105
58 Ebd., S. 109
59 Ebd., S. 110
60 Ebd., 110

Sämtliche Ausprägungen des „Megastate" – ob „Fiscal State", „Welfare State", „Nanny State" oder „The Nation State as Master of the Economy" – müssen nach Drucker scheitern, da sie vom „provider" zum „manager" mutierten.[61]

Unter der Überschrift: „Has the Megastate worked?" zieht Peter Drucker Bilanz aus seinen Erkenntnissen. Danach zeichnete sich einzig der Cold-War durch eine Wirksamkeit aus.

> „Has the Megastate worked? In its most extreme manifestation, in totalitarianism, whether of the Nazi or of the Communist variety, it has surely been a total failure – without a single redeeming feature.
> But has the Megastate worked in its much more moderate form? Has it worked in the developed countries of Western Europe and in the United States? The answer is: hardly any better. By and large, it has been almost as great a fiasco there as in Hitler's Germany or in Stalin's Russia.
> The Megastate has been least successful as a Fiscal State. Nowhere has it succeeded in bringing about a meaningful redistribution of income. In fact, the past 40 years have amply

61 Seinen Hauptkritikpunkt formuliert Drucker wie folgt: „The social axioms of the Keynesian Welfare State have worn no better than its economic axioms. Welfare has not ended poverty. It has instead turned it into degradation and dependence. It has done so in the domestic as well as the international society, that is as much through domestic ‚welfare' as through ‚foreign aid!'
Modern welfare destroys. It does not build competence; it creates dependence. It does not alleviate poverty even though it provides middle class or near-middle-class incomes. And it does so irrespective of who the recipients are: black teenage girls in the United States; young, working-class white males in the United Kingdom; highly trained adult men in Germany; middle-class, mostly salaried men in Italy. The one thing, these corrupted and poisoned people have in common, is that they are being financially rewarded for staying on welfare and financially penalized for getting off it." (Detaillierte Ausführungen finden sich hierzu in Peter F. Drucker: The Post-Capitalist Society, S. 117–127)

> confirmed Pareto's Law (named after the Swiss-Italian economist Vilfredo Pareto (1848–1923), according to which income distribution between major classes in society is determined by two factors, and by two factors only: the culture of the society and the level of productivity within the economy. The more productive an economy, the greater the equality of income; the less productive, the greater the inequality of income. Taxes, Pareto's Law asserts, cannot change this. But the advocates of the Fiscal State based their case in large measure on the assertion that taxation could effectively and permanently change income distribution.
> The Cold-War State did not guarantee ‚peace'. During the post-World War II years there were as many ‚minor' conflicts as in any period of history – and all over the world. But the cold-War State made possible the avoidance of major global war, not despite the tremendous military arsenal but because of it."[62]

Doch mit dem Fall der Mauer und dem Zusammenbruch des sowjetischen Imperiums wurde das Konzept des „Cold War State" ebenfalls unwirksam.

> „... the Cold-War State can no longer guarantee arms control. There is no way anymore to maintain the ‚superpower monopoly' in such way that smaller nations will be prevented from building total-war capacity, whether nuclear or chemical or biological. Worry over control of the Soviet Union's nuclear arsenal as the empire disintegrates into individual nation states is just one indication. So is the fact that any number of countries that are otherwise quite insignificant in terms of population or economic strength are rapidly acquiring nuclear, chemical and biological warfare capacity – Iraq was one example, Libya is another and so are Iran, North Korea and Pakistan. These small countries could not, of course, win a war against a great power – as Iraq's Saddam Hussein still believed. But they can become interna-

62 Peter F. Drucker: The Post-Capitalist Society, S. 119ff.

> tional blackmailers and international terrorists. With such countries as their base small bands of adventurers and-based pirates – in effect – can hold the world to ransom.
> Arms control can thus no longer be exercised at all – which would make global conflict practically inevitable even if the major powers still manage to avoid Hot War between themselves.
> Unlike Fiscal State and Nanny State, the Cold-War State has not been a total failure. Insofar as the aim of national policy in the age of the absolute weapons can be said to be the avoidance of World War III, it must be considered a success — the only success of the Megastate. But in the end this success turned to failure — economically and militarily."[63]

Trotz seiner Unzulänglichkeiten, Unwirksamkeiten und Unfähigkeiten hat der Nationalstaat eine erstaunliche Widerstandsfähigkeit gezeigt. Immer wieder wurde und wird sein Untergang prophezeit. Doch stets setzte sich der Nationalstaat als vorherrschende Staatsform durch. Selbst die Globalisierung konnte daran nichts ändern. Warum? Menschliches Handeln wird nicht allein durch ökonomische Rationalität bestimmt.

> „Since the early Industrial Revolution, it has been argued that economic interdependence would prove stronger than nationalist passion: Kant was the first to say so. The ‚moderates' of 1860 believed it until the first shots were fired at Fort Sumter. The Liberals of Austria-Hungary believed to the very end that their economy was far too integrated to be split into separate countries. So, quite clearly, did Mikhail Gorbachev. But whenever in the last 200 years political passions and nation-state politics have collided with economic rationality, political passions and the nation-state have won. "[64]

63 Peter F. Drucker: The Post-Capitalist Society, S. 124f.

64 Peter F. Drucker: The Global Economy and the Nation State. In: Foreign Affairs, Sept./Oct. 1997, Vol. 76, Nr. 5, S. 17

Drucker beendet das hier zitierte Buch des Jahres 1992 jedoch nicht mit seiner Analyse der Geschichte des Nationalstaates, sondern entwickelt wie immer seine Gedanken für die Zukunft.

> „The Megastate has thus reached a dead end. But, alas, there is no going back to yesterday's nation state, as neo-conservatives or economists of the Austrian School would make us believe. For there are new forces arising which both outflank and undermine the nation state."[65]

Zwei Jahre später beginnt er seinen Beitrag „Can Democracies Win the Peace?" mit den Worten:

> „Communism has lost the Cold War. Now the Democracies have to win the Peace. That may be harder, as all history teaches. For forty years now it was enough that the Democracies were infinitely – and visibly – better. Now they are expected to be good. They are being measures now against their own professions and their own performance. Not the Democracies have to re-think and to re-form."[66]

Diesen Gedanken für die Zukunft und den Wandel der gesellschaftlichen Aufgaben des Managers wird das folgende Kapitel ausführlich gewidmet sein.

Druckers Erfahrungen und Erkenntnisse zum Megastate haben ihn mehr und mehr zu einem – seinem Verständnis nach – Anarchisten gemacht. Aber was bedeutet das Konservative in seinem Anarchismus? Auch hierzu gibt er eine eindeutige Antwort: In dem mehrfach erwähnten Gespräch aus dem Jahr 2004 zum Abschluss unseres gemeinsamen Buches, sagte Peter Drucker zu mir:

65 Ebd., S. 17

66 Peter F. Drucker: Can Democracies Win the Peace? In: Managing in a time of Great Change. Nr. 4, 1995, S. 309 (first published in Atlantic Monthly 1994)

> „Ich denke, dass eine der wesentlichen Erfahrungen, die wir in den letzten 50 Jahren gemacht haben, darin liegt, dass wir zunehmend desillusioniert wurden von ‚Volksverglückung' und zunehmend zur Überzeugung gelangten, dass es keine perfekte Gesellschaft gibt, sondern nur eine erträgliche. Man kann verbessern, aber nicht perfektionieren – und dies ist ein konservatives Konzept."[67]

Reform als das zentrale politische Prinzip war sein Credo. Das Streben nach Ausgleich von Bewahren und Verändern war das für Drucker geltende Fundament jeder Politik, nicht nur der Politik des Staates. Politik im Verständnis als „Brechungsform sämtlicher Lebensbeziehungen des Menschen" (Helmuth Plessner). Politik, wie bereits definiert, als der Kampf, vor allem der organisierte Kampf um Bewahrung oder Veränderung bestehender Verhältnisse.

Peter Druckers Einflussgeber in diesem Kontext waren vor allem Friedrich Julius Stahl, Karl Radowitz und vor allem Wilhelm von Humboldt.

> „And this drew my attention to that remarkable trio of German thinkers who in similar period of social collapse, a little over a hundred years earlier, had created stability by inventing what came to be known as ‚Der Rechtsstaat' – the best translation of that difficult word may be the Justice State. They were a remarkable trio, both because of the breadth of interests and activities of each of them, but also because they were respectively an agnostic protestant, a Romanic Catholic, and a converted Jew. The first of them, Wilhelm von Humboldt (1767–1835) was the last great figure of the European Enlightenment, a leading statesman during the Napoleonic Wars, the founder of the first modern university, the University of Berlin in 1809, and later the founder of scientific linguistics. The second, Joseph von Radowitz (1797–

67 Vgl. Peter F. Drucker, Peter Paschek (Hrsg.): Kardinaltugenden effektiver Führung, München 2004

> 1853) was a professional soldier and the King's confidant and first minister, but also a crusading magazine editor and the progenitor of all Catholic parties in Europe – in Germany, in France, in Italy, in Holland, in Belgium, in Austria.
> The third and last, Friedrich Julius Stahl (1802–1861) [...] a legal philosopher he also revived the moribund theology of Lutheran Protestantism. And he was the most brilliant parliamentarian, in fact the only brilliant parliamentarian in German history.
> The three do not enjoy a good press. They are suspect precisely because they tried to balance continuity and change, that is, because they were neither unabashed liberals nor unabashed reactionaries. They tried to create a stable society and a stable polity that would preserve the traditions of the past and yet make possible change, and indeed very rapid change. And they succeeded brilliantly."[68]

Einen besonderen Impuls in diesem Zusammenhang gaben sowohl für Drucker als auch für von Krockow der englische Staatsmann und politische Philosoph Edmund Burke, sowie der französische Sozialphilosoph und Staatsmann Alexis Tocqueville.

Christian von Krockow hat die Gedanken von Peter Drucker vor allem anhand der Schrift „Reflections on the French Revolution" von Edmund Burke konkretisiert und verdeutlicht.

> „Die Methode des verantwortlichen Handelns, die das Verändern mit dem Bewahren verbindet und dabei das Risiko mindert, läßt sich beschreiben unter dem Titel: Reform als politisches Prinzip. Denn reformieren heißt, Bestehendes so zu verändern, daß es neuen Verhältnissen, gewandelten Anforderungen gerecht werden und eben damit bewahrt werden kann. Im Gegensatz zum ‚großen Schlag', zum Würfeln um alles oder nichts, meinen Reformen außerdem das behutsame Vorgehen Schritt um Schritt.

68 Peter F. Drucker: The Ecological Vision, ebd., S 443

Einer Theorie der Reformen ist freilich bisher nur wenig Aufmerksamkeit gewidmet worden, im Gegensatz zur Dramatik der Revolution. Doch die wesentlichen Elemente des reformerischen Prinzips hat schon vor zwei Jahrhunderten der englische Staatsmann Edmund Burke gültig beschrieben. Darum sei er ausführlich zitiert.

Burke betont zunächst, daß gerade im wohlverstandenen Interesse des Bewahrens das Verändern unabweisbar wird. ‚Einem Staat ohne Möglichkeiten des Wandels fehlen zugleich die Möglichkeiten der Selbsterhaltung. Ohne solche Möglichkeiten riskiert er den Verlust sogar jener Bestandteile seiner Verfassung, die er als seine heiligsten zu bewahren wünscht.' Deshalb ‚ergeben die Neigung zum Bewahren und die Fähigkeiten zum Verbessern, zusammengenommen, für mich den Rang des Staatsmannes'. Und ‚der Geist der Reformen befindet sich nie in genauerer Übereinstimmung mit sich selbst, als wenn er sich weigert, Mittel der Zerstörung zu sein'. Er ist, als Bewahren durch Verändern, die Alternative zur Zerstörung.

Jede Veränderung ruft freilich – und verständlich genug – Angst und Abwehrreaktionen der Betroffenen hervor. Weil überdies die Ergebnisse großer und überstürzter Veränderungen sich durchweg nicht absehen lassen, weil unerwartete und negative Nebenwirkungen auftreten, geraten nur zu leicht die Veränderungen insgesamt in Mißkredit. Daher kommt es einerseits darauf an, Reformen in kontrollierbaren Teilschritten zu vollziehen: ‚Durch ein langsames, aber stetiges Fortschreiten kann die Auswirkung jedes einzelnen Schrittes überwacht werden; der Erfolg oder Mißerfolg des ersten erleuchtet den zweiten. Auf diese Weise werden wir den ganzen Weg entlang sicher geleitet. Andererseits ist es entscheidend, daß Reformen rechtzeitig eingeleitet werden, ehe ein Übel zu groß geworden ist und sich ohne radikale Eingriffe nicht mehr beheben läßt: ‚Mit größtem Ernst möchte ich die Regierung bitten, die Weisheit rechtzeitiger Reformen zu bedenken. Frühzeitige Reformen gleichen Übereinkünften unter mächtigen Freunden, verspätete den Bedingungen, die man einem unterworfenen Feinde dik-

> tiert. Frühzeitige Reformen finden in ruhiger Atmosphäre statt, verspätete in allgemeiner Erregung. Wenn es erst einmal so weit gekommen ist, dann nimmt ein Volk an seiner Regierung nichts Achtenswertes mehr wahr. Es verfällt in die Wut einer wilden Menge, die nichts mehr verbessern, sondern nur noch niederreißen will.'"[69]

Aber wie ist ein Erstarren im Bewahren zu verhindern, denn „everybody tries to keep yesterday alive a little", wie Peter Drucker sagte?

Ein wesentlicher Motivator für rechtzeitiges Reformieren ist der Wettbewerb als Systemimperativ in modernen Gesellschaften. Doch der Konkurrenzkampf wird rücksichtslos ausgetragen, zerstört den Zusammenhalt einer Gesellschaft, stets zu Lasten der Schwachen. Daher benötigt er nicht nur das ausgleichende Gegenprinzip der Solidarität und vor allem einer Staatsführung, die Regeln und Formen etabliert, die eine für die Gesellschaft ruinöse Konkurrenz verhindern. Doch auch in diesem Zusammenhang dürfen Grenzen nicht überschritten werden und es gilt zu berücksichtigen, dass die Natur des Menschen primär nicht auf Konkurrenz angelegt ist, sondern eher auf ihre Vermeidung und Umgehung:

> „Auf der anderen Seite werden Freiheit und Reformfähigkeit ohne das Konkurrenzprinzip schwerlich zu bewahren sein. Ohnehin versteht es sich keineswegs von selbst; das natürliche Ergebnis aller Konkurrenz ist ja nicht ein Gleichgewicht der Wettbewerber, sondern ein zunehmendes Ungleichgewicht mit seinem Abschluß im Monopol. Daher muß stets ‚künstlich' auf die Erhaltung oder Wiederherstellung des Wettbewerbs hingearbeitet werden."[70]

69 Christian von Krockow: Politik und menschliche Natur, ebd., S. 150f.

70 Christian von Krockow, ebd., S. 150

Ganz im Sinne von Peter Drucker zieht von Krockow in seinen Ausführungen über die Reform und die diese bestimmende Balance zwischen Bewahren und Verändern folgendes Fazit:

> „Was bleibt, ist ein doppeltes Ergebnis. Einmal weist das politische Prinzip der Reform einen Weg zum verantwortlichen Handeln. Es verbindet das Bewahren mit dem Wandel und mit der Veränderung des Bestehenden in Teilschritten macht es kontrollierbar und korrigierbar, was wir tun. Genau darauf kommt es an im Angesicht der Gefahren, mit denen uns unsere Weltbemächtigung konfrontiert; wir können uns die Starrheit so wenig mehr leisten wie die Sprunghaftigkeit und das Würfeln um alles oder nichts.
> Zum anderen gehört es zu unserer Verantwortung, daß wir die Möglichkeiten für Reformen herstellen und offenhalten. Denn sie sind nicht ‚natürlich'; es gibt sie nur als Bestandteile einer sehr voraussetzungsvollen und stets gefährdeten politischen Kultur. Unverantwortlich handelt darum, wer diese Möglichkeiten zerstört, sei es in der verbissenen Verteidigung seiner Privilegien, sei es im trügerischen Traum vom großen Sprung in die Utopie."[71]

So weit der Rückblick auf das 20. Jahrhundert aus der Sicht des konservativ-christlichen Anarchisten Peter Drucker.

Doris Drucker sagte einmal nach Peters Tod zu meiner Frau und mir: „Ihr dürft Peter nicht nachbeten, sondern ihr müsst von ihm lernen." Auf die Auswertungen seiner Erfahrungen kommt es an, nicht auf das Hersagen seiner Zitate. Denn „Erfahrungen erlauben Vergleiche und die Nutzanwendung, weil es um das im Wandel Wiederkehrende statt um das Unwiederholbare und um den ‚alten Adam', statt um Traumschlösser und Truggespenste eines neuen Menschen geht. [...] Die geschichtlichen Erfahrungen zeigen uns, was die conditio humana ausmacht und aus den hieraus gewonnenen Erkennt-

71 Christian von Krockow, ebd., S. 131

nissen müssen wir als Bürger unsere Verantwortung definieren."[72]

Das Postulat von Doris Drucker, von Peter Drucker zu lernen, ist das zentrale Anliegen des nächsten Kapitels. Im Mittelpunkt steht dort endlich das Management als die maßgebliche Institution der modernen Wissensgesellschaft, als der für Drucker wichtigste Hoffnungsträger einer erträglichen Gesellschaft. Von Peter Drucker zu lernen, heißt in diesem Zusammenhang, der Frage nach zu gehen: Wie kann das 21. Jahrhundert ein Jahrhundert des Managements, speziell des Wirtschaftsmanagement werden? Und wie können wir ein weiteres vergeudetes Jahrhundert vermeiden?

72 Christian von Krockow: Einspruch gegen den Zeitgeist, Hamburg 2003, S. 82ff.

3 Management als gesellschaftliche Aufgabe – Peter Druckers Theorie und ihre Bedeutung in unserer Zeit

> „‚The higher up the monkey goes, the more of his behind he shows,' runs an English schoolboy jingle. What executives do, what they believe and value, what they reward and whom, is watched, seen, and minutely interpreted throughout the whole organization. And nothing is noticed more quickly – and considered more significant – than a discrepancy between what executives preach and what they expect their associates to practice." (Peter F. Drucker, 1987)

> „In the half-century after the Second World War, the business corporation has brilliantly proved itself as an economic organization, that is a creator of wealth and jobs. In the next society, the biggest challenge for the large company especially for the multinational may be its social legitimacy: its values, its mission, its vision." (Peter F. Drucker, 2001)

Unter dem Titel „Management als zentrale gesellschaftliche Funktion"[73] lieferte ich 2008 einen Beitrag zur Festschrift für Professor Peter Gomez von der Universität St. Gallen. Das Drucker-Zitat, mit dem das vorliegende Kapitel beginnt, hatte

73 Peter Paschek: Management als gesellschaftliche Aufgabe. Die Bedeutung des Werkes von Peter Drucker für unsere Zeit. In: Sascha Spoun / Timo Meynhardt (Hrsg.): Management – eine gesellschaftliche Aufgabe. Baden-Baden 2010, S. 197–212

ich auch an den Anfang meines Aufsatzes für Peter Gomez gestellt.

Doris Drucker war die Erste, der ich die Kopie sofort nach Fertigstellung zusandte.

Am 19. November 2008 – dem 99. Geburtstag von Peter Drucker – ich war gerade auf dem Flughafen Zürich gelandet und wollte von dort zu einem Partnermeeting nach Spanien weiterfliegen – erhielt ich eine Mail von Doris Drucker mit ihrem Feedback. Sie schrieb:

> „Lieber Peter,
> thank you so much for writing this brilliant piece on Peter! It is absolutely ‚hervorragend' and please believe me, I speak the truth. The best piece I have read on him. It is excellent how you were able to outline his essential thoughts on society and the individual.
> Do you have an English translation? If not, would you trust me to do one? No one here reads German."

Beim Lesen dieser Zeilen verspürte ich ein ähnliches Gefühl wie damals, als Peter Drucker meinen Beitrag für unser Buch lobte – ein Gefühl, etwa drei bis fünf Zentimeter an Größe zu gewinnen. Allerdings wurde ich schnell wieder auf meine natürliche Größe herabgestutzt, denn das dann folgende Partnermeeting war das Einzige, das ich in über 20 Jahren meiner Gesellschaftertätigkeit erlebt habe, das mich an den Titel einer der nicht geschriebenen Bücher von Peter Drucker erinnerte: „How to organize ignorance".

Natürlich „vertraute" ich Doris Drucker und sie übersetzte den Text ausgezeichnet.[74]

Was also ist Management im Verständnis von Peter Drucker? Wo liegen die Aufgaben und die Verantwortung des Ma-

---

74 Doris Drucker / Peter Paschek: Management as social task. The relevance of Peter F. Drucker's work for our time (unveröffentlichtes Manuskript).

nagers? Wo liegen die Grenzen der Verantwortung des Managements?

Haben sich Aufgaben und Verantwortung des Managers gewandelt – und wenn ja, wie?

Was ist Managementbildung?

Und vor allem: Was sind Aufgaben, Verantwortung und Bildung des Managers in der digitalen Wissensgesellschaft? – Wie müssen wir Peter Drucker hinsichtlich dieser Aspekte weiterdenken? Dieses Kapitel versucht, hierauf Antworten zu finden.

Eine Anmerkung möchte ich vorwegstellen: Ich hatte in dem zuvor erwähnten Beitrag für Peter Gomez als Replik auf die Aussage des deutschen Wirtschaftsministers Günter Rexrodt – „Wirtschaft findet in der Wirtschaft statt“ – geschrieben, dass Wirtschaft in der Gesellschaft stattfindet und wir heute in einer globalen Wirtschaft, einer globalen Gesellschaft leben würden. Bei einer Reihe meiner Freunde und Bekannten stieß ich auf Kritik wegen dieser Aussage. Globale Wirtschaft ja, aber globale Gesellschaft …? Um mein Verständnis von einer globalen Gesellschaft deutlich zu machen, antwortete ich stets mit einem Zitat aus Faust I:

> ANDRER BÜRGER:
> Nichts Bessers weiß ich mir an Sonn- und Feiertagen
> Als ein Gespräch von Krieg und Kriegsgeschrei,
> Wenn hinten, weit, in der Türkei,
> Die Völker aufeinander schlagen.
> Man steht am Fenster, trinkt sein Gläschen aus
> Und sieht den Fluß hinab die bunten Schiffe gleiten;
> Dann kehrt man abends froh nach Haus,
> Und segnet Fried und Friedenszeiten.
>
> DRITTER BÜRGER:
> Herr Nachbar, ja! so laß ich's auch geschehn,
> Sie mögen sich die Köpfe spalten,

> Mag alles durcheinander gehn;
> Doch nur zu Hause bleib's beim alten."[75]

Tempi passati! Die Türkei ist nicht mehr fern, denn das Internet hat Entfernung eliminiert.

> „Management and managers are becoming the generic, the distinctive, the constitutive organs of developed society. What management is and what managers do will therefore – and properly – become increasingly a matter of public concern rather than a matter for the ‚experts.' Management will increasingly be concerned as much with the expression of basic beliefs and values as with the accomplishment of measurable results. It will increasingly stand for the quality of life of a society as much as for its standard of living. (...) the very survival of society in the developed countries will come to depend on the performance, the competence, the earnestness and the values of their managers."[76]

Peter Drucker hat Management zuallererst immer aus der Perspektive des gesellschaftlichen Ganzen definiert. Dieser Blick auf das Ganze der Gesellschaft macht ihn zu einem Gesellschaftsdenker oder in wissenschaftlicher Zuordnung zu einem Vertreter der Soziologie bzw. der praktischen, speziell der politischen Philosophie. Der große, leider vergessene Soziologe Alfred von Martin bezeichnete die Soziologie als eine Wissenschaft vom menschlichen Zusammenleben, eine Wissenschaft vom Menschen, und zwar in seiner Eigenschaft als Mitmensch[77] – und genau das war das zentrale Arbeitsgebiet von Peter Drucker.

> „Management books tend to focus on the function of management inside its organizations. Few yet accept its social

75 Johann Wolfgang von Goethe: Faust. Eine Tragödie. Kapitel 5.

76 Peter F. Drucker: The Ecological Vision, ebd., S. 150f.

77 Vgl. Alfred von Martin: Soziologie. Die Hauptgebiete im Überblick. Berlin 1956, S. 1

function. But it is precisely because management has most serious challenge. To whom is management accountable? And for what? On what does management base its power? What gives it legitimacy? These are not business questions or economic questions. They are political questions."[78]

Das war sein Verständnis seit Beginn seiner Beschäftigung mit Management. Management war für ihn immer eine gesellschaftliche Aufgabe und von Beginn an stieß dies auf zum Teil heftige Kritik. Noch heute werde ich häufig – insbesondere dann, wenn es heißt „Management als soziale Aufgabe" – mit der Frage konfrontiert: Wieso eine soziale Aufgabe?

Zumeist klärt sich dieses als ein Missverständnis auf, dass die soziale, also die gesellschaftliche Aufgabe mit einer sozialpolitischen verwechselt wird. Eines der vielen Beispiele von Begriffsverwirrung. Das liegt nicht zuletzt daran, dass wir immer mehr vernachlässigen, Begriffe klar zu definieren, sie präzise zuzuordnen und auch über den Wandel im Verständnis dieser Begriffe zu reflektieren. Vage Begriffe verstören Verstand wie Gefühl und sind ein großes Hindernis für einen zivilisierten und verantwortlich geführten öffentlichen Diskurs.

1983, in einem Epilog zu seinem 1946 veröffentlichten Buch „The Concept of the Corporation", erläuterte Peter Drucker am Beispiel von GM, warum er mit seinem Verständnis von Management bei den Top Managern von General Motors auf Ablehnung stieß.

„The most fundamental issue underlying the rejection of Concept of the Corporation by GM's top executives was that of the public character of the private business. Concept of the Corporation treated the big business corporation as ‚affected with the public interest' and as concerned with matters that are definitely public rather than private (…)

78 Peter F. Drucker: The New Realities. Oxford 1989, S. 129

That Concept of the Corporation presented the big business corporation as ‚affected with the public interest' was thus an affront. It was the reason which caused GM executives to consider the book anti-GM, anti-business, and indeed subversive."[79]

Ein weiterer Aspekt des Management-Konzepts von Peter Drucker war für die Führungskräfte von GM ebenfalls inakzeptabel. Management – so Drucker – sei keine Wissenschaft, sondern eine von verschiedenen Wissenschaften untermauerte Profession.

„Management, I have always maintained, is not a branch of theology but at bottom a clinical discipline. The test, as in the practice of medicine, is not whether the treatment is ‚scientific' but whether the patient recovers.
And it was this basic view of management which the General Motors executives could not accept. They saw themselves as the pioneers of a science. And thus the thesis underlying *Concept of the Corporation* (and all my management books) that management is fundamentally a practice, although, like medicine, it uses a lot of sciences as its tools, was totally unacceptable to them."[80]

1958 hielt Peter einen Vortrag zum 50. Jahrestag der Harvard Business School mit dem Titel: „Can Management ever be a science?" Seine Formulierungen waren taktvoll, diplomatisch, dem Anlass angemessen, so dass man zwischen den Zeilen lesen bzw. hören musste. Lediglich an zwei Stellen wurde er deutlich – zu Beginn des Vortrags:

„But no one, I am also convinced, can survey the work to date without being worried at the same time. The potential is there – but it is in danger of being frittered away. Instead of a

79 Peter F. Drucker: Concept of the Corporation (1946), New Brunswick, 1993, S. 305ff.

80 Ebd., S. 296f.

> management science which supplies knowledge, concepts, and discipline to manager and entrepreneur, we may be developing a management gadget bag of techniques for the efficiency expert."

Und noch ein weiteres Mal zum Ende seiner Ausführungen:

> „All this, however, may come to naught if management science permits itself to become a management gadget bag. The opportunity will be lost, the need will go unfulfilled, and the promise will be blighted unless management science learns to respect both itself and its subject."

An dieser Stelle sei angemerkt, dass Peter Drucker keinesfalls die Bedeutung der Theorie in Zweifel stellte oder negierte. Das Gegenteil ist der Fall. Seine nachfolgenden Ausführungen machen dies mehr als deutlich.

> „Tatsächlich befasse ich mich in diesen Essays hauptsächlich mit Ideen und es geht mir vor allem darum, Wissen, Kenntnis und Erkenntnis zu entwickeln, das heißt Theorie. Aber genauso wie der Chemiker oder der Physiker ein Laboratorium braucht, habe ich stets das Bedürfnis nach praktischer Erprobung und Anwendung empfunden und stets versucht zu praktizieren, ehe ich predigte. Es wäre sicherlich übertrieben, wenn ich mich auch nur als ‚Statist auf der Weltbühne' vorstellen würde. Aber zumindest habe ich doch in der Kulisse gestanden oder saß im Souffleurkasten und war nicht nur immer Publikum. Zumindest habe ich teilgenommen an Entscheidungen, Aktionen und praktischer Arbeit, wenn auch nur als Berater für Fragen und Probleme der Politik, der Verwaltung und der Betriebsführung, für Fragen der Organisation öffentlicher und privater Unternehmen, der wirtschaftlichen Förderung von Entwicklungsländern oder der Ziele wissenschaftlicher und technischer Forschung. Ich habe – das darf ich vielleicht hinzufügen – dabei die Erfahrung gemacht: Je klarer, begrifflicher, ‚theoretischer' mein Wissen ist, desto wirksamer erweist es sich in der praktischen Anwendung. Die am wenigsten brauchba-

> ren Menschen, die ich kenne, sind die ‚reinen Praktiker', die Menschen ohne allgemeine Ideen, ohne Allgemeinwissen und ohne grundsätzliche Vorstellungen, jene Menschen, die sich immer selber zu ernst und die Aufgabe nicht ernst genug nehmen."[81]

Management und Manager, so Drucker in dem besagten Vortrag in Tokio 1969, werden in Zukunft zur entscheidenden Funktion für die Gestaltung der modernen Gesellschaft. Im gleichen Jahr fasste der große Philosoph und Soziologe Helmuth Plessner in einem Beitrag mit dem Titel: „Technik und Gesellschaft in Gegenwart und Zukunft" die Sozialgeschichte der werdenden Arbeitswelt zusammen und erinnert „an die im Zuge des Maschinenwesens erfolgte Zerstörung der altständischen Gesellschaft und ihre Einebnung und gleichzeitige Aufspaltung in einander feindliche Klassen, an die zunehmende Verstrickung von Staat und Gesellschaft mit der industriellen Wirtschaft, die ihre Grenzen ineinanderlaufen lässt, an die Verwandlung eines immer größere Teils der Menschen in Lohn- und Gehaltsempfänger, an die Angleichung der führenden Personen auf allen Gebieten des sozialen und geistigen Lebens im Typ des Managers."[82]

In seinem 1973 erstveröffentlichten zentralen Werk „Management: Tasks, Responsibilities, Practices" konkretisiert Drucker Zweck und davon abgeleitet die zentralen Aufgaben des Managers.

> „The manager is a servant. His-master is the institution he manages and his first responsibility must therefore be to it. His first task is to make the institution, whether business, hospital, school, or university, perform the function and

81 Peter F. Drucker: Gedanken über die Zukunft. Düsseldorf 1959, S. 9

82 Helmuth Plessner: Technik und Gesellschaft. In: Helmut Plessner, Schriften zur Soziologie und Sozialphilosophie. Gesammelte Schriften X, S. 297

make the contribution for the sake of which it exists. The man who uses his position at the head of a major institution to become a public figure and to take leadership with respect to social problems, while his company or his university erodes through neglect, is not a statesman. He is irresponsible and false to his trust.

The institution's performance of its specific mission is also society's first need and interest. Society does not stand to gain but to lose if the performance capacity of the institution in its own specific task is diminished or impaired. Performance or its function is the institution's first social responsibility. Unless it discharges its performance responsibly, it cannot discharge anything else. A bankrupt business is not a desirable employer and is unlikely to be a good neighbor in a community."[83]

Hieraus ergeben sich drei wesentliche Aufgabenstellungen, denen sich das Management erfolgreich stellen muss, um den spezifischen Zweck und damit den gesellschaftlichen Zweck der Organisation zu erfüllen:

- „Establishing the specific purpose and mission of the institution, whether business enterprise, hospital, or university.
- Making work productive and the worker effective.
- Managing social impacts and social responsibilities.[84]"

Doch es sind drei Wesensmerkmale des Managements, die das Fundament der Funktion Management bilden. Immer wieder stellt er diese vor.

Erstens: Management handelt vom Menschen (in seiner Eigenschaft als Mitmensch):

„Management is about human beings. Its task is to make people capable of joint performance, to make their strengths

83 Peter F. Drucker: Management: Tasks, Responsibilities, Practices (1973/74), New York 1993, S. 345

84 Peter F. Drucker: The Essential Drucker, New York, 2001, S. 14

> effective and their weaknesses irrelevant. This is what organization is all about, and it is the reason that management is the critical, determining factor. These days, practically all of us work for a managed institution, large or small, business or nonbusiness. We depend on management for our livelihoods. (…) And our ability to contribute to society also depends as much on the management of the organization for which we work as it does on our own skills, dedication, and effort."[85]

Zweitens: Management ist Arbeit:

> „Management is work. Indeed it is the specific work of a modern society, the work that distinguishes our society from all earlier ones. For management is the work that is specific to modern organization and makes modern organization perform. As work, management has its own skills, its own tools, its own techniques."[86]

Und drittens: Integrität als unerlässliche Voraussetzung effektiven Managements.

> „But Central Will Always Be: Integrity, yet intellectual and conceptual education alone will not enable the manager to accomplish the tasks of tomorrow.
> The more successfully tomorrow's manager does his work, the greater will be the integrity required of him. For under the new technology the impact on the business of his decisions, their time-span and their risks, will be so serious as to require that he put the common good of the enterprise above his own self-interest. Their impact on the people in the enterprise will be so decisive as to demand that the manager put genuine principles above expediency. And their impact on the economy will be so far-reaching that society itself will hold the manager accountable. Indeed, the new tasks demand that the manager of tomorrow root every ac-

85 Peter F. Drucker: The New Realities, ebd., S. 221
86 Ebd., S. 220ff.

> tion and decision in the bedrock of principles, that he lead not only through knowledge, competence and skill but through vision, courage, responsibility and integrity.
> No matter what a man's general education or his adult education for management, what will be decisive above all, in the future even more than in the past, is neither education nor skill; it is integrity of character."[87]

Man hat Peter Drucker gelegentlich eine Überbetonung der sozialen Verantwortung gerade des Wirtschaftsunternehmens vorgeworfen, wobei zumeist, wie bereits erwähnt, eine Verwechslung von sozial-politisch mit sozial vorliegt.

Wenn man ihm sorgfältig zuhört oder ihn liest, kann es zu dieser Schlussfolgerung gar nicht kommen, denn soziale Verantwortung des Wirtschaftsmanagers bedeutet für Drucker zuallererst Verantwortung für Profitabilität.

> „Business management must always, in every decision and action, put economic performance first. It can justify its existence and its authority only by the economic results it produces. A business Management has failed if it does not produce economic results. It has failed if it does not supply goods and services desired by the consumer at a price the consumer is willing to pay. It has failed if it does not improve, or at least maintain the wealth producing capacity of the economic resource entrusted to it. And this, whatever the economic or political structure or ideology of a society, means responsibility for profitability."[88]

Management – so Peter Drucker – bedeutet Arbeit und zur Arbeit des Managers gehört Führung oder in der Weltsprache des (schlechten) Englisch: Leadership.

---

87 Peter F. Drucker: The Practice of Management, New York 1954, S. 378

88 Peter F. Drucker: Management: Tasks, Responsibilities, Practices, ebd., S. 40

Leadership ist ein Mittel zur Arbeit des Managers. Drucker spricht vom Management als Workmanship, also von einer handwerklichen Arbeit und Leadership definiert er als Handwerkszeug des Managers.

Diesem Verständnis von Leadership folgen gegenwärtig wenige Managementtheoretiker, Managementlehrer und die, die sich dafür halten, die große Schaar der Managementlehrer-Darsteller. Sie dividieren Management und Leadership zum Teil auf die skurrilste Weise auseinander. Selbst in der Praxis steht weniger der Manager als der Leader im Mittelpunkt des Diskurses.

Das Internet verweist auf mehr als eine Milliarde Links, die den Unterschied zwischen Management und Leadership erklären.

Es gibt mittlerweile eine regelrechte Leadership-Industrie mit Millionen von Publikationen zum Thema: der Unterschied zwischen Management und Leadership.

Dies ist ein Irrweg, den Peter Drucker schon 1969 voraussah, denn er führt den öffentlichen wie auch den wissenschaftlichen Diskurs noch weiter in die Sackgasse des Abstrahierens dieser Thematik von der gesellschaftlichen Realität. Der Blick auf das Ganze geht noch mehr verloren und verschärft das zentrale, Jahrzehnte währende Problem der gesamten Managementlehre.

Und wenn ich dann vom World Economic Forum in Davos höre, dass es dort eine Sektion „Young Global Leaders" gibt, frage ich mich, wann wird es eine Sektion für die „Very Young" oder die „Old Global" oder vielleicht sogar für die „Very Old Global leaders" geben; oder in Anlehnung an den Film „High Anxiety" von Mel Brooks, die „Very Very old Global Leaders". Wie sagte Peter Drucker 1969: Management als Disziplin „has to respect both itself and its subject."

Das Ganze erinnert mich an die 1980er Jahre, als in Deutschland viele Führungskräfte „Machiavelli für Manager" unterm Arm trugen oder von Clausewitz‘ „Vom Kriege“ und „die unternehmerisch geprägte Persönlichkeit“ als das wichtigste Anforderungskriterium für jede Art von Managementfunktion galt. In seinem Buch „Innovation and Entrepreneurship“ fand wie immer Peter Drucker die treffende Bemerkung hierzu:

> „Half pop psychology, half Hollywood make them look like a cross between superman and the knights of the roundtable, alas most of them in real life are unromantic figures and much more likely to spend hours on a cash flow projection than to dash off looking for risks. Entrepreneurship is behavior rather than personality trait and its foundation lies in concept and theory rather than in intuition.“[89]

Wie unromantisch effektive Manager sein können, hat er einmal mit der Beschreibung des McDonald's-Gründers Ray Croc zu verdeutlichen versucht: „Ein genialer Unternehmer und Manager, der über einen Wortschatz von 800 Worten verfügte, 100 für den täglichen Gebrauch und die restlichen 700 unterschiedliche Bezeichnungen für Hamburger“. Und noch einmal Peter Drucker:

> „Among the effective people I have known and worked with there are extroverts and aloof. Some are fat and some are lean, some are worriers and some are relaxed, some drink quite heavily, others are total abstainers. Some are men of great charme and warmth, some have no more personality than a frozen mackerel. Some are scholars and serious students, others are almost unlettered. There are men who live only for their work and others whose main interest lies outside in their church, in the study of Chinese poetry or in modern music. What all these effective people have in common is the practices that make effective what ever they have and whatever they are. And these practices are the same

89 Peter F. Drucker: Innovation and Entrepreneurship, New York 1985, S. 139

> whether he or she works in a business or in a government agency, as hospital administrator or as University Dean."[90]

Der Leadership-Diskurs findet etwa auf dem gleichen Niveau statt wie der zu Zeiten des Machiavelli-von Clausewitz-Booms und das meiste dieser Literatur gehört in den von Drucker angesprochenen „Management Gadget Bag". Vieles liegt noch nicht einmal auf dem sprachlichen Niveau von dem, was Max Weber als Literatengeschwätz bezeichnet hat, sondern ist schlichtweg Leadership-Gossip. Matthew Stewart trifft ins Schwarze, wenn er fragt: „Why do all these bad books sell so well?"[91]

Doch zurück zum Leadership-Verständnis von Peter Drucker. In einem Vortrag mit dem Titel „Leadership as Euphemism and the key responsibilities of the Business Manager" im Juli 2018 vor einer Gruppe von internationalen IT-Managern habe ich Peter Druckers Verständnis von Leadership zusammengefasst. Zu Beginn führte ich aus:

> „But let me start with explaining why I won't talk with you about Leadership and Leaders.
> 1. Leadership by itself is not good or desirable. Leadership is a means of the Manager. Leadership to what is the crucial point. Leadership isn't value free. Effective Leadership can also be used for producing and selling crack. Leadership has to be judged regarding its effectiveness and efficiency for a healthy business as well as for a functioning society.
> 2. You are all but not leaders. You are members of society's major leadership group. As such you are public in the sense that the welfare of your company and of the functioning of society sets limits to your words and deeds. But you are pri-

---

90 Peter Paschek: Kardinaltugenden effektiver Personalberatung. In: Peter F. Drucker / Peter Paschek (Hrsg.): Kardinaltugenden effektiver Führung. Ebd., S. 121

91 Matthew Stewart: The Management Myth, Debunking Modern Business Philosophy. New York 2009

vate in the sense that in our democratic society you are autonomous and not subject to political or ideological control. But as the Member of the group you are occupying a position of prominence of authority and visibility. And the latter has become of utmost importance in the digital age.
In 1988 Peter Drucker wrote an article for the Wall Street Journal titled ‚Leadership as Work'. In it he told the following story: He was asked to run a seminar on leadership for a big bank. Preparing this he had a phone conversation with the bank's vice president HR who asked him to summarize the essential criteria of effective leadership. Primarily Drucker defined Leadership as work and responsibility and that one cannot delegate responsibility which means ‚when things go wrong – and they always do – leaders do not blame others'.
At the end of the call Drucker named ‚to earn trust' as the most essential requirement for effective leadership.
‚To trust a leader, it is not necessary to like him. Trust is the conviction, that the leader means what he says. Leader's action and a leader's professed beliefs must be congruent, or at least compatible. It is the belief in something very old fashioned, called integrity.'
After he had said these things on the telephone to the bank's human resources VP, there was a long silence. Finally, she said: ‚But that's no different at all from what we have known for years as the requirements for being an effective manager.' ‚Precisely', Drucker replied.
For Drucker, there is no difference between effective management and effective leadership. Both is work, workmanship as he put it, to be precise, Leading effectively belongs to the essential workmanship tasks of the effective manager".

Peter Drucker hat regelmäßig betont, dass es, falls er der Vertreter einer Wissenschaft sei, sich um eine moralische Wissenschaft handele, die, wie er 1993 schreibt, seit 200 Jahren aus der

Mode gekommen ist.[92] Hierzu werde ich im anschließenden Kapitel noch ausführlich Stellung nehmen.

Als Vertreter einer moralischen, nicht wertfreien, Wissenschaft – nicht als Moralist (damit hatte Peter Drucker nun rein gar nichts zu tun) – bleibt er nicht bei der Analyse und Deutung stehen, sondern stellt Forderungen an die gesellschaftlichen Gruppen, die kraft ihrer Funktion:

> „... die Macht oder den Einfluss haben, über ihre Gruppenbelange hinaus zur Erhaltung oder Veränderung der Sozialstruktur und der sie tragenden Normen unmittelbar beizutragen oder die auf Grund ihres Prestiges eine Vorbildrolle spielen können, die über ihre Gruppe hinaus das Verhalten anderer normativ mitbestimmt."[93]

Drucker richtet also seine Forderungen an die Eliten, und zwar an die „society's major leadership group", an die „führende gesellschaftliche Gruppe", und fordert diese Gruppe auf, nach bestimmten Leitbildern zu handeln, alle ausgerichtet auf die nach Peter Drucker anzustrebende ideale Gesellschaft, „the bearable Society": eine für beinahe alle Bürger erträgliche, lebenswerte Gesellschaft.

Erreichbar – dieser Illusion gibt er sich nicht hin – ist dieses Ideal nicht, dazu steht der „alte Adam" zu sehr im Wege. Aber eine asymptotische Annäherung ist möglich, vorausgesetzt, ein entsprechender „Ordnungsrahmen" existiert, der permanent weiter gestaltet wird und der es dem Bürger attraktiv macht, an der Realisierung des Strebensziels „lebenswerte Gesellschaft" mitzuwirken. Vielleicht im Sinne des Slogans eines großen US-Rent-a-Car-Unternehmens der 1980er Jahre: „We're getting closer, so we try harder." Die Gegenwart zeigt, wie viel harte Arbeit beim asymptotischen Annähern noch vor uns liegt.

---

92 Peter F. Drucker: The Ecological Vision, ebd., S. 457

93 Hans Peter Dreitzel: Elitebegriff und Sozialstruktur. Eine soziologische Begriffsanalyse. Stuttgart 1962, S. 71

Doch im Gegensatz zu den fundamental gescheiterten Utopien der vergangenen zwei Jahrhunderte liegt diesem Konzept weder ein zu optimistisches noch ein zu pessimistisches, sondern ein realistisches Bild vom Wesen des Menschen zugrunde. Es geht nicht um die Verwirklichung eines Ideals, sondern vielmehr darum, eine vorhandene, reale Tendenz in der Gesellschaft weiter zu fördern, d. h. das Ideal mit der Wirklichkeit zu versöhnen.

Die gesellschaftliche Gruppe, die Peter Drucker hierfür in die Pflicht nimmt, ist in der modernen Gesellschaft das Management als die führende gesellschaftliche Gruppe. Das Management, speziell das Wirtschaftsmanagement, bestimmt über den Einsatz der zentralen gesellschaftlichen Ressourcen – Wissen und Kapital – und hat damit entscheidenden Einfluss auf die Gestaltung der Gesellschaft.

Die Entwicklung und Herausbildung des Managements zur führenden gesellschaftlichen Gruppe erweitert den Machtbereich und damit die gesellschaftliche Verantwortung des Managers als Vertreter dieser führenden gesellschaftlichen Gruppe.

Diese neue Dimension gesellschaftlicher Verantwortung konkretisiert er folgendermaßen:

> „Altogether it is the succession of management to the leadership position in society that underlies the demands for social responsibility.
> In this century the managers of our major institutions have become the leaders in every developed country, and in most developing countries as well. The old leadership groups, whether the aristocracy or the priesthood, have either disappeared entirely or have become insignificant. Even the scientists, the priesthood of the post World War II period, have lost much of their prestige. The only new leadership groups to emerge are managers, managers of business enterprise and of universities, of government agencies and of hospitals. They command the resources of society. But they also command the competence. It is, therefore, only logical that they are expected

> to take the leadership role and take responsibility for major social problems and major social issues.
> As a result of these shifts – the emergence of managers as the major leadership group; the growing disenchantment with government, and the shift in focus from the quantities of life to the quality of life – the demand for society is central to the conduct of business itself. It is a demand that the quality of life become the business of business. The traditional approach asks, ‚How can we arrange the making of cars (or of shoes) so as not to impinge on social values and beliefs, on individuals and their freedom, and on the good society altogether?' The new demand is for business to make social values and beliefs, create freedom for the individual, and produce the good society."[94]

Bei deutschen Führungskräften hat dieses Verständnis von der Verantwortung des Managers zwar keine flächendeckende Bedeutung, doch es gab und gibt seit Jahren immer wieder gewichtige Stimmen, die diese Position als Leitbild in Theorie und Praxis fördern. Erinnern möchte ich an Ernst Wolf Mommsen, in den 1950er Jahren Vorstandsmitglied von Phoenix-Rheinrohr AG[95] oder an Reinhard Mohn, der Bertelsmann nicht zuletzt dadurch zu einem Weltunternehmen führte, dass er gesellschaftliche Verantwortung vorbildhaft lebte.

> „Der Unternehmer der Zukunft ist nicht mehr Kapitalist, sondern Manager … Er muss sehen, dass sein früher nur fachlicher, sachlicher Auftrag mittlerweile sich gewandelt hat in eine politische Aufgabe."[96]

94 Peter F. Drucker: Management: Tasks, Responsibilities, Practices, ebd., S. 319

95 Ernst Wolf Mommsen: Elitebildung in der Wirtschaft. Darmstadt, 1955

96 Reinhard Mohn: Der Unternehmer als Politiker. In: Manager Magazin 12, 1974, S. 88–94

Keiner aber brachte es dermaßen auf den Punkt wie Gustav Stein vom Bundesverband der Deutschen Industrie in einem Beitrag in der Wochenzeitung „Die Zeit“ vom 18. November 1954, als er fragte:

> „Glaubt heute wirklich jemand, es sei noch mit einer guten Bilanz und einer rationellen Produktion getan oder es sei gleichgültig, ob die Fabriken für Tyrannen arbeiten oder der persönlichen Freiheit dienen? (...) Somit geht es entscheidend um das Vorbild, um das Vorangehen in die Politik. (...) Eine schwierige Aufgabe, gewiss, aber eine unvermeidliche, wenn überhaupt das Zusammenleben freier Menschen erstrebt wird.“

Gustav Stein hat recht – eine in der Tat sehr schwierige Aufgabe, die das Management als Ganzes und jeder einzelne Manager in seiner Rolle und Funktion hat. Dass diese Verantwortung nicht delegierbar ist, schon gar nicht an den Bereich Öffentlichkeitsarbeit, scheint bis heute bei einer Reihe von Unternehmern noch nicht angekommen zu sein. Schon 1973 warnte Peter Drucker:

> „This demand requires new thinking and new action on the part of the managers. It cannot be handled in the traditional manner. It cannot be handled by public relations.
> Public relations asks whether a business or an industry is ‚liked‘ or ‚understood.‘ Public relations would therefore be worried that Black Power advocates blame the Profit motive for the ghetto, and that they presumably like business just as little as they like any other part of the white establishment. But what really matters is that the Black Power leaders expect business to perform miracles with respect to ghetto employment, ghetto education, ghetto housing; and they expect these miracles virtually – overnight. The relevant questions are: ‚Can business tackle these huge problems? How? Should business

tackle them?' These are not questions which public relations is equipped to handle."[97]

Die Verantwortung des Managers

In seiner berühmten Rede „Die Wirtschaft ist das Schicksal" vor dem Reichsverband der deutschen Industrie am 28. September 1921 in München sagte Walther Rathenau, der damalige deutsche Außenminister, zum Abschluss:

> „Über die Bedeutung der wirtschaftlichen Aufgaben vor Ihnen zu sprechen, heißt Eulen nach Athen zu tragen. Aber ich möchte Sie erinnern an einen kleinen Vorgang, der in einem großen Augenblick stattgefunden hat vor ziemlich genau 113 Jahren. Am 2. Oktober 1808 fand eine Besprechung der beiden größten Menschen ihrer Zeit, nämlich Napoleon und Goethe, in Erfurt statt. Die beiden Männer sprachen über Dramatik. Es war die Rede von den Schicksalsdramen, die damals aufgekommen waren, und Napoleon sagte: ‚Was will man immer von dem Schicksal? Politik ist das Schicksal!' Dieses große Wort ist hundert Jahre lang wahr geblieben, es ist in den letzten Jahren der Kriegsentscheidung auf seinen Gipfel gestiegen, und es lastet mit seiner ganzen Schwere auf uns. Aber auch dieses Wort hat seine begrenzte Dauer. Es wird der Tag kommen, wo es sich wandelt, und wo das Wort lautet: Die Wirtschaft ist das Schicksal. Schon in wenigen Jahren wird die Welt erkennen, daß die Politik nicht das Letzte entscheidet."[98]

Weder der Aussage „Die Wirtschaft ist das Schicksal" noch dem Satz „Politik ist das Schicksal" konnte Peter Drucker viel

97 Peter F. Drucker: Management: Tasks, Responsibilities, Practices. Ebd., S. 319

98 Walther Rathenau: Die Wirtschaft ist das Schicksal (1921). Nachdruck der Verlagsgruppe Deutscher Fachverlag, o. J.

abgewinnen. Er sah zwar, wie Rathenau, die zunehmende Bedeutung der Wirtschaft als gesellschaftsgestaltende Macht und das Wirtschaftsunternehmen als eine politische Institution und er erkannte früh die zunehmende Verschränkung von Wirtschaft und Politik miteinander – aber „Schicksal"?

„Schicksal" sind auch eine Menge anderer Dinge: die Chromosomen, die man von den Ahnen erbt, die Frau, die man heiratet, oder Leberkrebs. Und immer, wenn ich hörte, dass jemand pathetisch verkündete: „Politik ist Schicksal", wisperte in mir ein kleiner Teufel die spöttischen Worte aus Conrad Ferdinand Meyers „Hugenottenlied":

> Jeder Diebestritt auf Liebchens Diele
> Jeder Kuss …
> Schicksalsschluss!"[99]

Nein! Für Drucker stand immer Verantwortung für das Handeln im Mittelpunkt.

> „Politik als Verantwortung schien mir von Anfang an das richtigere und wichtigere Schlagwort zu sein. Ich gebe mich nicht der Täuschung hin, daß die Zukunft den Sterblichen bekannt oder auch nur erkennbar sei, geschweige daß die Geschichte von strengen wissenschaftlichen Gesetzen bestimmt werde, die der Menschen erkennen könne. Aber aus diesem Grunde behaupte ich, daß auf künftige Wirkungen gerichtetes menschliches Handeln – ob in Wissenschaft und Technik, in Wirtschaft oder Politik – verantwortliches Handeln sein muß, ein auf Wissen und Können beruhendes, in Überzeugung und Verpflichtung gegründetes Handeln."[100]

Für den Manager bedeutet dies in Bezug auf seine gesellschaftliche Verantwortung

---

99 Peter F. Drucker: Gedanken an die Zukunft. Düsseldorf 1959, S. 7
100 Ebd., S. 8

> „In a pluralist society, all institutions are of necessity political institutions. All are multi-constituency institutions. All have to perform in such a way that they will not be rejected and opposed by groups in society that can veto or block them. The managers of all institutions will have to learn to think politically in such a pluralist society.
> The Manager can no longer depend on the political process to be the integrating force, he himself has to become the integrator. He has to establish himself as the spokesman for the interest of society in producing, in performing, in achieving. And this means that the manager of any institution (but particularly of business) has to think through what the policy should be in the general interest and to provide social cohesion. He has to do this before there is a problem, before he reacts to somebody else's problem, before there is an issue. And then he has to become the proponent, the educator, the advocate. The manager, in other words, will have to learn to create the issues to identify both the social concern and the solution to it and to speak for the producer interest in society as a whole rather than for the special interest of business.“[101]

Macht dieses komplexe Aufgabenspektrum des Managers nicht signifikante Veränderungen seiner Bildung und Werthaltungen erforderlich? Braucht es eine Wirtschafts- und eine Unternehmensethik, um eine theoretische Fundierung dieser Herausforderungen zu schaffen? Wie steht Peter Drucker hierzu?

Beginnen möchte ich mit seiner Auffassung zum Thema Wirtschaftsethik, zu der er dezidiert und ausführlich Stellung genommen hat. Ich habe Peter Drucker an anderer Stelle mit den Worten zitiert, dass das Management, speziell das Wirtschaftsmanagement „in command“, eine der entscheidenden gesellschaftlichen Ressourcen sei und dass die Gesellschaft das Recht auf ein „competent command“ dieser Ressourcen habe.

101 Peter F. Drucker: Managing in Turbulent Times, London 1980, S. 212

„The soldier has the right to competent command", heißt es in einer Widmung von Winston Churchill in einem Buch für britische Offiziere im Zweiten Weltkrieg. „Command" bedeutet Macht und Macht war für Peter Drucker stets mit Verantwortung verbunden. Die Grundlage hierzu lieferte für ihn ein Leitsatz des konstitutiven Rechts: „Whatever claims authority thereby assumes responsibility" – ganz gleich, wer über Macht verfügt oder diese beansprucht, übernimmt damit Verantwortung.

Immer wieder wies Drucker aber auf die Grenzen der gesellschaftlichen Verantwortung hin. Insbesondere im Hinblick auf die Verantwortung des Wirtschaftsunternehmens als die zentrale Organisation in einer pluralistischen Gesellschaft der Organisationen.

> „They are organs of our society for specific performance in a specific area. The greatest contribution they can make, their greatest social responsibility, is performance of their function. The greatest social irresponsibility is to impair the performance capacity of these institutions by tackling tasks beyond their competence or by usurpation of authority in the name of social responsibility."[102]

Widerspricht diese Aussage nicht dem Vorhergesagtem, dass der Manager zum Integrator im politischen Prozess werden muss und Verantwortung trägt für den gesellschaftlichen Zusammenhalt? Nein, im Gegenteil! Denn die Herausbildung des Managements, speziell des Wirtschaftsmanagements, als die maßgebliche gesellschaftsgestaltende Macht („they command the resources of society") geht einher mit der Verantwortung, sowohl für die „quantities of life" als auch für die „qualities of life". Dieser Herausforderung muss sich – so Peter Drucker – der Manager stellen. Ob er will oder nicht.

---

102 Peter F. Drucker: Management: Tasks, Responsibilities, Practices, ebd., S. 351

„But however short-lived, illogical, irrational, even undesirable it may be, it is a fact, that business and business people are perceived as the leadership group in today's developed countries.“[103]

Folgt hieraus das Erfordernis einer Wirtschaftsethik, die den Managern den Rahmen zur Orientierung ihres Handelns vorgibt und Strebensziele setzt?

Peter Drucker widerspricht dem vehement. Für das Verhältnis zwischen Ethik und Wirtschaftsethik findet er deutliche Worte:

“‚Business ethics‘, is to ethics what soft porn is to the Platonic Eros; soft porn too talks of something it calls ‚love‘. And insofar as ‚business ethics‘ comes even close to ethics, it comes close to casuistry and will predictably end up as a fig leaf for the shameless and as special pleading for the powerful and the wealthy.“[104]

Einen wesentlichen Grund für das schon in den 1970er und 1980er Jahren beginnende rege Interesse für Wirtschaftsethik sieht er in einer Jahrtausende alten Konstanten der menschlichen Natur:

„One explanation for the popularity of ‚business ethics‘ is surely also the human frailty of which Pascal accused the Casuist of his day: the lust for power and prominence of a clerisy sworn to humility. ‚Business ethics‘ is fashionable, and provides speeches at conferences, lecture fees, consulting assignments, and lots of publicity. And surely ‚business ethics,‘ with its tales of wrongdoing in high places, caters also to the age-old enjoyment of ‚society‘ gossip and to the prurience which – it was, I believe, Rabelais who said I –

103 Peter F. Drucker: The Mystery of the Business Leader. The Wall Street Journal, Sept. 29, 1987

104 Peter F. Drucker: What is Business Ethics? In: The Public Interest, Nr. 63, Spring 1981, Washington DC, S. 34

> makes it fornication when a peasant has a toss in the hay and romance when the prince does it."[105]

Druckers Replik basiert zuallererst auf der christlich-jüdischen Denktradition:

> „All authorities of the Western tradition – from the Old Testament prophets all the way to Spinoza in the 17th century, to Kant in the 18th century, Kierkegaard in the 19th century and, in this century, the Englishman F.H. Bradley (Ethical Studies) or the American Edmond Cahn (The Moral Decision) – are, however, in complete agreement on one point: There is only one ethics, one set of rules of morality, one code, that of individual behavior in which the same: rules apply to everyone alike.
> A pagan could say, ‚Quod licet Jovi non licet bovi.' He could – thus hold that different rules of behavior apply to Jupiter from those that apply to the ox. A Jew or a Christian would have to reject such differentiation in ethics – and precisely because all experience shows that it always leads to exempting the ‚Jupiters,' the great, powerful, and rich, from the rules which „the ox," the humble and poor, has to abide by.
> The moralist of the Western tradition accepts ‚extenuating' and ‚aggravating' circumstances. He accepts that the poor widow who steals bread to feed her starving children deserves clemency and that it is a more heinous offense for the bishop to have a concubine than for the poor curate in the village. But before there can be ‚extenuating' or ‚aggravating' circumstances, there has to be an offense. And the offense is the same for rich and poor, for high and low alike – theft is theft, concubinage is concubinage. The reason for this insistence on a code that considers only the individual, and not his status in life or society, is precisely that otherwise the mighty, the powerful, the successful will gain exemption from the laws of ethics and morality.
> The only differences between what is ethically right and ethically wrong behavior which traditional moralists, almost

105 Ebd., S. 19

> without exception, would accept – would indeed insist on – are differences grounded in social or cultural mores, and then only in respect to ‚venial' offenses."[106]

Die christlich-jüdischen Leitgedanken zur Ethik verbindet Peter Drucker in Erkenntnis der Strukturen und Prozesse der modernen Gesellschaft mit Elementen der antiken Tugendethik und der konfuzianischen Ethik der gegenseitigen Abhängigkeit:

> „A society of organizations is a society of interdependence. The specific relationship which the Confucian philosopher postulated as universal and basic may not be adequate, or even appropriate, to modern society and to the ethical problems within the modern organization and between the modern organization and its clients, customers, and constituents. But the fundamental concepts surely are. Indeed, if there ever is a viable ‚ethics of organization,' it will almost certainly have to adopt the key concepts which have made Confucian ethics both durable and effective:
>
> – clear definition of the fundamental relationships;
> – universal and general rules of conduct – that is, rules that are binding on any one person or organization, according to its rules, function, and relationships;
> – focus on right behavior rather than on avoiding wrongdoing, and on behavior rather than on motives or intentions; and finally,
> – an effective organization ethic, indeed, an organization ethic that deserves to be seriously considered as ‚ethics,' will have to define right behavior as the behavior which optimizes each party's benefits and thus makes the relationship harmonious, constructive, and mutually beneficial.
>
> But a society of organizations is also a society in which a great many people are unimportant and indeed anonymous by

106 Ebd., S. 20

themselves, yet are highly visible, and matter as ‚leaders' in society. And thus it is a society that must stress the Ethics of Prudence and self-development. It must expect its managers, executives, and professionals to demand of themselves that they shun behavior they would not respect in others, and instead practice behavior appropriate to the sort of person they would want to see ‚in the mirror in the morning'."[107]

Management als Beruf

> „Executives set examples, whatever the organization. They ‚set the tone', ‚create the spirit', ‚decide the values' for an organization and for the people in it. They lead or mislead, in other words. And they have no choice but to do one or the other."[108]

In seinem Vortrag „Wissenschaft als Beruf", nannte Max Weber den Dienst an der Sache als unerlässliche Voraussetzung im Beruf als Wissenschaftler, den Anforderungen gerecht zu werden.

Weber fügte hinzu:

> „Verehrte Anwesende! ‚Persönlichkeit' auf wissenschaftlichem Gebiet hat nur der, der rein der Sache dient … Und nicht nur auf wissenschaftlichem Gebiet ist es so."[109]

Neben dieser weniger bekannten Aussage gibt es ein Weber-Zitat, das zu einem Bonmot des Redens und Schreibens über Politik geworden ist. Es stammt aus seinem Vortrag „Politik als Beruf" und lautet:

107 Ebd., S. 36
108 Ebd., S. 28
109 Max Weber: Wissenschaft als Beruf (1917), Stuttgart 1995, S. 15

> „Die Politik bedeutet ein starkes langsames Bohren von harten Brettern mit Leidenschaft und Augenmaß zugleich.“[110]

Diese Aussage lässt viel Raum für Interpretationen zu – wenn sie nicht in den Kontext des gesamten Vortrages gestellt wird. Besonders wichtig ist hier Webers Verständnis der Begriffe „Leidenschaft“ und „Augenmaß“:

> „Man kann sagen, dass drei Qualitäten vornehmlich entscheidend sind für den Politiker: Leidenschaft – Verantwortungsgefühl – Augenmaß. Leidenschaft im Sinn von Sachlichkeit: leidenschaftliche Hingabe an eine ‚Sache'. Nicht im Sinne jenes inneren Gebarens, welches mein Freund Georg Simmel als ‚sterile Aufgeregtheit' zu bezeichnen pflegte, eine ins Leere verlaufende ‚Romantik des intellektuell Interessanten' ohne alles sachliche Verantwortungsgefühl. Denn mit der bloßen, als noch so echt empfundenen Leidenschaft ist es freilich nicht getan. Sie macht nicht zum Politiker, wenn sie nicht, als Dienst in einer ‚Sache', auch die Verantwortlichkeit gegenüber ebendieser Sache zum entscheidenden Leitstern des Handelns macht. Und dazu bedarf es – und das ist die entscheidende psychologische Qualität des Politikers – des Augenmaßes, der Fähigkeit, die Realitäten mit innerer Sammlung und Ruhe auf sich wirken zu lassen, also der Distanz zu den Dingen und Menschen. ‚Distanzlosigkeit', rein als solche, ist eine der Todsünden jedes Politikers und eine jener Qualitäten, deren Züchtung bei dem Nachwuchs unserer Intellektuellen sie zu politischer Unfähigkeit verurteilen wird.“[111]

Wiederum ist der Dienst an der Sache das Fundament professionellen Handelns in einem Beruf.

Ähnlich argumentiert Peter Drucker, wenn er die Grenzen gesellschaftlicher Verantwortung des Managers bestimmt. Am

110 Max Weber: Politik als Beruf. In: ders.: Gesammelte politische Schriften, ebd., S. 560

111 Max Weber, ebd., S. 546

Beispiel des freiwilligen Engagements des Managers bei den Aktivitäten, z. B. für das städtische Gemeinwesen, konkretisiert Drucker noch einmal seinen Standpunkt:

> „Managers should indeed be encouraged to participate and to take responsible leadership in community affairs and community organizations. Such activities should, however, never be forced on them nor should they be appraised, rewarded, or promoted according to their participation in voluntary activities. Ordering or pressuring managers into such work is abuse of organizational power and illegitimate.
> But, while desirable, community participation of managers has nothing to do with ethics, and not much to do with responsibility. It is the contribution of an individual in his capacity as a neighbor and citizen. And it is something that lies outside his job and outside his managerial responsibility."[112]

Für Drucker ist Management ein Beruf wie der des Arztes oder Rechtsanwalts und daher sollte sich auch die Berufsgruppe des Managers, als „society's major leadership group", so Drucker, am Gebot eines Berufsethos, dem Ethos der Verantwortung, orientieren.

Diese „Ethics of social responsibility" von Drucker basieren auf dem Leitsatz des Hippokratischen Eids: „Zuallererst wissentlich keinen Schaden zuzufügen – Primum non nocere", des Eides, den Ärzte der griechischen Antike vor mehr als 2500 Jahren zum ersten Mal leisteten.

Warum die Verwendung des Eides des Hippokrates als Postulat eines Berufsethos in der modernen Gesellschaft Sinn macht, erläutert Peter Drucker wie folgt:

> „No professional, be the doctor, lawyer, or manager, can promise that he will indeed do good for his client. All he can do is try. But he can promise that he will not knowingly do

112 Peter F. Drucker: Management: Tasks, Responsibilities, Practices, ebd., S. 36

> harm. And the client, in turn, must be able to trust the professional not knowingly to do him harm. Otherwise he cannot trust him at all. The professional has to have autonomy. He cannot be controlled, supervised, or directed by the client. He has to be private in that his knowledge and his judgment have to be entrusted with the decision. But it is the foundation of his autonomy, and indeed its rationale, that he see himself as ‚affected with the public interest.' A professional, in other words, is private in the sense that he is autonomous and not subject to political or ideological control. But he is public in the sense that the welfare of his client sets limits to his deeds and words. And Primum non nocere, ‚not knowingly to do harm,' is the basic rule of professional ethics, the basic rule of an ethics of public responsibility."[113]

Die Drucker'sche „Ethics of Responsibility" ist nach seinem Verständnis nicht allein Verantwortungsethik, sondern basiert vielmehr auf einem Ethos, einer sittlichen Gesinnung des „Zuallererst wissentlich keinen Schaden zufügen!". Darin liegt die Verantwortung des Berufsstandes des Managers. Druckers Konzepte der Verantwortungs- und Gesinnungsethik stellen keine absoluten Gegensätze dar, sondern sind – gleich den Worten Max Webers – „Ergänzungen, die zusammen erst den echten Menschen ausmachen, den, der den ‚Beruf zur Politik', (oder zum Manager (Anm. d. Verf.)) haben kann." Allerdings verträgt der Gesinnungsethiker von Peter Drucker, im Gegensatz zu dessen Idealtypus von Weber, sehr wohl die ethische Irrationalität der Welt und rechnet dagegen wie der Verantwortungsethiker „mit eben jenen durchschnittlichen Defekten der Menschen – er hat, wie Fichte richtig gesagt hat, gar kein Recht, ihre Güte und Vollkommenheit vorauszusetzen, er fühlt sich nicht in der Lage, die Folge des eigenen Tuns, soweit er sie

113 Peter F. Drucker: Management: Tasks, Responsibilities, Practices, ebd., S. 367

voraussehen konnte, auf andere abzuwälzen. Er wird sagen: Diese Folgen werden meinem Tun zugerechnet.“[114]

Dementsprechend schließt Peter Drucker seine Ausführungen zum Thema Ethik der Verantwortung mit den Worten:

> „If the society is to function, let alone if it is to remain a free society, the men we call managers will remain ‚private‘ in their institutions. No matter who owns them and how, they will maintain autonomy. But they will also have to be ‚public‘ in their ethics.
> In this tension between the private functioning of the manager: the necessary autonomy of his institution and its accountability to its own mission and purpose, and the public character of the manager, lies the specific ethical problem of the society of organizations. Primum non nocere may seem tame compared to the rousing calls for ‚statesmanship‘ that abound in today's manifestos on social responsibility. But, as the physicians found out long ago, it is not an easy rule to live up to. It's very modesty and self-constraint make it the right rule for the ethics managers need, the ethics of responsibility.“[115]

Mit den Worten von Helmuth Plessner kann man sagen, dass das Drucker'sche Ethos der Verantwortung des Managers getragen wird von der Erkenntnis, dass mit der Wirklichkeit rechnen heißt, auch mit dem Teufel zu rechnen, „und mit dem Teufel zu rechnen, ohne ihm zu verfallen, ohne zu entarten, ist eine schwere Kunst, das wahre Problem einer Ethik nicht der einfachen Negation der Widerstände gegen die Forderungen

114 Max Weber, ebd., S. 559.

115 Peter F. Drucker: Management: Tasks, Responsibilities, Practices, ebd., S. 375

der Ehrlichkeit, Überzeugung und Liebe, sondern einer Ethik des Ausgleichs, der wahren Mitte."[116]

Auch das klingt bescheiden im Vergleich zu den Hochglanz-Darstellungen von Corporate-Social-Responsibility-Aktivitäten in den Geschäfts- und Nachhaltigkeitsberichten vieler Unternehmen. Dagegen weisen die Ethik des Ausgleichs und die Ethik der Verantwortung in deutlichen Worten darauf hin, wie leicht Handlungen und Worte der Manager gesellschaftliche Verwerfungen auslösen bzw. verschärfen können.

> „They tend to conceal healthy reality and to create disease, or at least social hypochondria. They tend to misdirect and to prevent understanding. And this is grievous social harm."[117]

Peter Druckers Begriff vom Beruf des Managers lässt sich nun im Sinne des Weber'schen Idealtypus, also im idealen Verständnis des Begriffs, folgendermaßen zusammenfassen:

Die Manager, speziell die Wirtschaftsmanager, sind als die gesellschaftliche Gruppe die entscheidende gesellschaftsgestaltende Macht. Diese Macht bedingt eine Verantwortung für das Funktionieren der Gesellschaft.

Die erste gesellschaftliche Verantwortung des Managers ist die Verantwortung für den dauerhaften wirtschaftlichen Erfolg seines Unternehmens, d. h. die Schaffung von materiellem Wohlstand und Arbeitsplätzen. Das allerdings ist nur die notwendige Voraussetzung für eine funktionierende Gesellschaft. Daher liegt eine weitere Verantwortung des Managers darin, mit Wort und Tat als Integrator des politischen Prozesses zu wirken, d. h., sowohl durch seine Handlungen und durch seine Kommunikation als auch durch Mitwirkung an der Gestaltung

116 Helmuth Plessner: Grenzen der Gemeinschaft (1924). In: ders.: Macht und menschliche Natur, Gesammelte Schriften V, Frankfurt/M. 2003, S. 126

117 Peter F. Drucker: Management: Tasks, Responsibilities, Practices, ebd., S. 368

der gesellschaftlichen – speziell der politischen – Kultur. Das Ziel dieser Gestaltungsaufgabe ist die Annäherung an eine für alle erträgliche, lebenswerte Gesellschaft. Um dieser komplexen Aufgabe gerecht zu werden, bedarf es einer Haltung, einer sittlichen Gesinnung, eines Ethos des Managers – nach Drucker des Ethos der Verantwortung. Getragen wird dieses Ethos vom Respekt vor dem Anspruch der anderen auf ein erträgliches, lebenswertes Leben. Und „primum non nocere" heißt das Leitbild dieser Gesinnung, an dem der Manager seine Worte und Taten orientieren muss.

Management als „liberal art"

Bei einem Vortrag in Claremont 1987 bezeichnete Drucker Management als „Workmanship", d. h. als eine handwerkliche Kunst in dem Sinne „to enable common people to do uncommon things".[118]

Dieses handwerkliche Können kann aber nur wirksam werden, wenn es getragen wird von Verantwortungsbewusstsein. Management aber ist nicht nur techné, für Drucker das Synonym für workmanship – da es nicht nur mit Dingen zu tun hat, sondern vor allem mit Menschen.

Management ist „the Governance of the modern Institution or, to put it more precise, the governance of any institution in modern pluralist society."[119] Daher, so folgert Drucker, ist Management sowohl „techné, that is empirical skills and indeed often almost a bag of tricks and rules of thumb, and in it-

118 Peter F. Drucker: What I have learned. A look back and a look ahead, Acceptance Speech, October 21, 1987, S. 1 (unveröffentlichtes Manuskript)

119 Ebd., S. 3

self a liberal art."[120] Das heißt, Peter Drucker versteht Management als eine Geisteswissenschaft, wie es in den deutschen Übersetzungen nicht nur seiner Bücher steht, sondern auch in vielen deutschsprachigen Publikationen über ihn. Übrigens auch bei mir, und zwar in der Übersetzung eines Beitrags im Harvard Business Review des Jahres 2009, zu Peter Druckers 100. Geburtstag, war Management eine Geisteswissenschaft.

All dies sind – um es vorsichtig auszudrücken – Fehlinterpretationen (vor allem bei mir) aus Nachlässigkeit und Oberflächlichkeit im Umgang mit Sprache, wie auch aus mangelnder Präzision bei der Betrachtung und Analyse des Begriffs im Verständnis von Peter Drucker.

Ich hätte es eigentlich besser wissen müssen, denn auf einem unserer Spaziergänge durch den botanischen Garten von Claremont haben wir über die Thematik gesprochen. Glücklicherweise hatte ich mir nach dem Gespräch mit Peter stichwortartige Notizen gemacht und diese erst kürzlich durch Zufall wiedergefunden.

Damals hatte ich ihn gefragt, warum Management seiner Auffassung nach zu den „freien Künsten" gehöre. Allerdings kannte ich bis dahin nur das Verständnis des antiken Roms von den „artes liberales", speziell den 88. Brief Senecas aus den Epistulae morales an Lucilius Seneca hatte ein sehr gespaltenes Verhältnis zu den freien Künsten und mir war vor allem der Inhalt seiner einleitenden Worte zu diesem Brief präsent:

> „Seneca grüßt seinen Freund Lucilius.
>
> Was ich über die ‚freien Künste' denke, möchtest Du wissen: Zu keiner blicke ich ehrfürchtig empor, keine, die auf Gelderwerb aus ist, zähle ich zu den Gütern. Es handelt sich um Qualifikationen, mit denen man Geld verdienen kann, insofern sind sie nützlich, wenn sie das Denken schulen, nicht

120 Ebd., S. 4

> aber an seiner freien Entfaltung hindern. Denn man darf nur so lange bei ihnen verweilen, wie der Geist nichts Bedeutenderes tun kann: Es handelt sich um Grundlagen unseres Denkens, nicht um Leistungen. Warum sie als ‚freie' Künste bezeichnet wurden, siehst Du: weil sie eines freien Menschen würdig sind. Aber es gibt nur eine einzige Wissenschaft, die wirklich frei ist, weil sie frei macht, das ist die Philosophie: erhaben, stark, mutig. Die übrigen Wissenschaften sind unbedeutend und läppisch. Oder glaubst Du, dass in den Wissenschaften, deren Lehrer Du als die allerschändlichsten und niederträchtigsten Kerle kennst, etwas Gutes steckt?"[121]

Peter Drucker stieg sofort ein und merkte an: „Sie wissen, lieber Peter, wie oft ich mit den Worten beginne: would you please respect ... In diesem Fall sage ich Ihnen: would you please respect, when I say management is in itself a liberal art. I want make a point, which is, to make it crystal clear, that management is more than a bag of skills, competences and tricks, because Management always deals with the nature of man."

Eine ausführliche Begründung lieferte er einige Jahre vor unserem Spaziergang in einem Vortrag:

> „But – my last point – Management is by itself a Liberal Art. It has to be. It cannot be techné alone; it cannot be concerned solely with results and performance. Precisely because the object of Management is a human community held together by the work bond for a common purpose, Management always deals with the Nature of Man – and by the way, as all of us with any practical experience learned, with Good and Evil as well (at least – if you permit an aside — I have learned more theology as a practicing management consultant than I did when I taught Religion). That means that there have to be values, commitment, convic-

121 Lucius Annaeus Seneca: Epistulae morales ad Lucilium (Briefe über Ethik an Lucilius), Band II, Rainer Nickel (Hrsg.): Düsseldorf 2009, S. 165

tions in management, yes even passion. Without them, there will be no performance and no results. Indeed, since management deals with people and not with things, management without values, commitments, convictions, can only do harm.“[122]

Peter Drucker sah sich in der Tradition der Liberal Arts, als einer ihrer Vertreter, sowohl der Artes Liberales im Verständnis des antiken Roms wie auch der Humanities als „Lights to make us see“ im Sinne der Humanisten der Renaissance.

Aber ich habe schon 1989 deutlich gemacht, so endete Peter Drucker seine „Would you please respect …“-Ausführungen bei unserem Spaziergang, wie ich das im Gesamtzusammenhang sehe. „Das sollten Sie, lieber Peter, noch einmal nachlesen!“

Peters Mahnung klingt bei mir bis heute nach. Daher möchte ich diesen bestimmten Satz aus seinen New Realities von 1989 besonders hervorheben:

> „… management will increasingly be the discipline and the practice through and in which the ‚humanities‘ will again acquire recognition, impact, and relevance.“[123]

Management ist für Drucker keine Geisteswissenschaft. Doch sind die Geisteswissenschaften und die Sozialwissenschaften ein unerlässlicher Unterbau des Berufs des Managers und der Ausbildung zum Manager. In diesem Sinne ist Management eine Liberal Art in sich, eine Verschränktheit von „Art“ oder „Techné“ mit den Humanities oder Geisteswissenschaften. Zur Verdeutlichung noch einmal Peter Drucker:

> „Management is thus what tradition used to call a liberal art: ‚liberal‘ because it deals with the fundamentals of knowledge, self-knowledge, wisdom, and leadership; ‚art‘ because it is

122 Peter F. Drucker: What I have learned, ebd., S. 5
123 Peter F. Drucker: The New Realities, ebd., S. 1989

> practice and application. Managers draw on all the knowledge and insights of the humanities and the social sciences – on psychology and philosophy, on economics and on history, on the physical sciences and on ethics. But they have to focus this knowledge on effectiveness and result – on healing a sick patient, teaching a student, building a bridge, designing and selling a ‚user-friendly' software program."

Oder

> „In management, however, the Liberal Arts again become what they have always been when they flourished: kinetic energy and guide to action."

Aus dieser Erkenntnis definiert Drucker eine zentrale Aufgabe der Managementbildung:

> „… we do not, as I think all of us realize, know precisely as yet how to link the Liberal Arts and Management. We do not yet know whether it is going to be a marriage of convenience or a love match – though we do know that there has to be mutual respect. We do not yet know what impact this linkage will have on either party – and marriages, even bad ones, always change both partners. But what we, in Claremont, are pioneering in making the Liberal Arts an organic part – indeed a key resource – in the teaching of Management, and Management into a ‚growth market' for the Liberal Arts."[124]

Er sieht die Integration der Liberal Arts in die Managementbildung als ein Erfordernis der Wissensgesellschaft. Denn diese Gesellschaft der Wissensarbeiter, zu denen die Manager – the knowledge executives – als exponierte gesellschaftliche Gruppe, als society's major leadership group gehören, ist eine Gesellschaft, in der die zentrale wirtschaftliche Ressource weder Kapital noch Industriearbeit ist.

124 Peter F. Drucker: What I have learned, ebd., S. 5

> „It is and will be knowledge. The central wealth-creating activities will be neither the allocation of capital to productive uses nor ‚labor' – the two poles of nineteenth- and twentieth-century economic theory, whether Classical, Marxist, Keynesian or Neo-Classical. Value is now created by ‚productivity' and ‚innovation', both applications of knowledge to work."[125]

Die tragende Gruppe dieser Wissensgesellschaft, so Drucker, „will be knowledge executives who know how to allocate knowledge to productive use – just as the capitalists knew how to allocate capital to productive use, to allocate knowledge professionals, knowledge employees".[126]

Das Leitbild, das Profil der Vertreter dieser gesellschaftlichen Gruppen, ist der gebildete Mensch, „the Educated Person", in der Definition von Peter Drucker.

> „In all earlier societies the Educated Person was ornament. He or she were Kultur – the German term which, in its mixture of awe and derision, is untranslatable into English (even ‚highbrow' does not come close). But in the knowledge society the Educated Person is society's emblem: society's symbol; society's standard bearer. The Educated Person is the social ‚archetype' – to use the sociologist's term. He or she defines society's performance capacity. But he or she also embodies society's values, beliefs, commitments.
> This must change the very meaning of Educated Person. It must change what it means to be educated. It will thus predictably make the definition of Educated Person a crucial issue. With knowledge becoming the key resource, the Educated Person faces new demands, new challenges, new responsibilities. *He and she now matter.*
> Post-capitalist society needs an Educated Person – more than any earlier society. Access to the great heritage of the past will have to be an essential element. In fact ‚past' will

125 Peter F. Drucker: The Post-Capitalist Society, ebd., S. 7
126 Ebd.

> have to embrace a good deal more than the Humanists fight for. Theirs is still mainly ‚Western civilization' and ‚Judaeo-Christian tradition'. It is still nineteenth century. The Educated Person we need will have to be able to appreciate other great cultures and traditions: the great heritage of Chinese, Japanese, Korean paintings and ceramics; the philosophers and the great religions of the Orient; and Islam, both as a religion and as a culture. The Educated Person also will have to be far less exclusively ‚bookish' than the Liberal Education of the Humanists. He or she will need trained perception fully as much as analysis.
> Tomorrow's Educated Persons will have to be prepared for living in a global world. It will be a ‚Westernized' world. But the Educated Persons will also live in an increasingly tribalized world. They must be able to be ‚citizens of the world' – in their vision, their horizon, their information. But they will also have to draw nourishment from their local roots and, in turn, enrich and nourish their own local culture."[127]

Eine weitere Herausforderung, die sich der Bildung des „gebildeten Menschen" in der Wissensgesellschaft stellt, sieht Peter Drucker in dem Erfordernis, die verschiedenen Wissensgebiete miteinander zu verschränken, da diese alle in der Wissensgesellschaft von gleicher Bedeutung und Wertigkeit sind:

> „But now that the technés have become knowledges they have to be integrated into knowledge. The technés have to become part of what is to be an Educated Person. That the liberal arts they enjoyed to much in their college years do not do that, cannot do that – in fact refuse even to try – is the reason why today's students repudiate them a few years later. They feel let down. But … Allgemeine Bildung which do not integrate the knowledges into a ‚universe of knowledge' are neither ‚liberal' nor Bildung. They fall down in their first task: to create mutual understanding – that ‚uni-

127 Peter F. Drucker: The Post-Capitalist Society, ebd., S. 194f.

> verse of discourse‘ without which there can be no civilization. Instead of uniting, such liberal arts fragment.
> There is no ‚Queen of the Knowledges‘ in the knowledge society. All knowledges are equally valuable, all knowledges, in the words of the great medieval saint and philosopher, St. Bonaventura, equally lead to the truth, paths to knowledge, has to be the responsibility of the men and women of the knowledges. Collectively they hold knowledge in trust.“[128]

Sein oben zitierter Vortrag aus dem Jahr 1987 zu diesem Thema schließt Peter Drucker mit einem für ihn typischen Hinweis auf die Aussage des Heiligen Bonaventura ab:

> „‚All Knowledge leads back to the Source of All Light and the Knowledge of Ultimate Truth.‘ I must admit that I am not quite sure how cost accounting, or the study of tax loopholes, or brand marketing, are going to lead back to the Source of All Light, let alone to the Knowledge of Ultimate Truth. But I am quite sure that the spirit of St. Bonaventure's short sentence must animate all we do if Management is to have results.“[129]

Globale und lokale Aufgaben nicht als Gegensätze, sondern als gegenseitige Impulsgeber und Initiatoren zu verstehen und daran sein Handeln zu orientieren, ist eine der zentralen Herausforderungen des gebildeten Menschen in der Wissensgesellschaft. Eine andere liegt darin, die Fähigkeit zu entwickeln, in zwei vermeintlich gegensätzlichen Kulturen zu leben und zu arbeiten. In der Welt des Intellektuellen, des Experten[130], und in der Welt des Managers.

---

128 Ebd., S. 197f.

129 Peter F. Drucker: What I have learned, ebd., S. 6

130 Hier nicht nur im Verständnis des akademisch Ausgebildeten, sondern desjenigen „engaged in work requiring the creative use of his intellect“.

> „The Educated Person will have to be prepared to live and work simultaneously in two cultures, that of the ‚intellectual' who focuses on words and ideas and that of the ‚manager' who focuses on people and work.
> Intellectuals need the organization as a tool; it enables them to practice their téchne, their specialized knowledge. Managers see knowledge as a means to the end of organizational performance. Both are right. They are opposites; but they relate to each other as poles rather than as contradictions."[131]

Welchen Bildungsweg oder welche Bildungswege führen zum gebildeten Menschen? Speziell zum gebildeten Manager? Mit welchem Ziel muss der gebildete Manager herangebildet, erzogen werden? „Abrichten zur praktischen Brauchbarkeit" (Max Weber) allein reicht sicherlich nicht aus.

Wie kann z. B. eine geistes- und sozialwissenschaftliche Bildung effektiv in die Managementlehre integriert werden? 1987 war diese Frage für Peter Drucker noch weitgehend unbeantwortet, als er in seinem deutlich zum Ausdruck brachte, selbst nicht genau zu wissen, „how to link the Liberal Arts and Management."[132]

Inwieweit in der Managementlehre diese Frage heute – nach 30 Jahren – zumindest teilweise beantwortet ist, werde ich an anderer Stelle zu erörtern versuchen. Zunächst aber sei die Definition des Idealtypus vom Drucker'schen Manager – erweitert um den gebildeten Menschen, als „member of society's major leadership" noch einmal festzuhalten: Der Begriff Manager wird in diesem Buch als ein Idealtypus im Verständnis von Max Weber definiert. Ein derartiger Typus bezeichnet immer zweierlei: ein ideales Verständnis und eine reale Tendenz in der Gesellschaft[133], wobei Peter Drucker den Idealtypus als Stre-

131 Peter F. Drucker: The Post-Capitalist Society, S. 195

132 Vgl. hierzu: Peter F. Drucker: What I have learned, ebd., S. 5

133 Vgl. hierzu: Max Weber: Wirtschaft und Gesellschaft, Grundriss der verstehenden Soziologie (1922), Tübingen 1972, S. 9f.

bensziel versteht und die Frage beantwortet: Was muss der Manager tun, um dieses Strebensziel zu erreichen? Weber hingegen würde nach den „Culturproblemen", die aus der „Machtposition" der rationalen Wirtschaftsweise des Managements entstehen, fragen – umso mehr, da nach Weber diese „Machtposition" alle anderen Mächte wie Politik, Religion, Wissenschaften etc. in der modernen Gesellschaft durchdringt und beherrscht, somit also den entscheidenden Einfluss auf die Gestaltung der gesellschaftlichen Ordnung und der Werthaltungen hat.

Peter Drucker geht weiter. Für ihn ist das Management die entscheidende gesellschaftsgestaltende Macht und trägt somit die Verantwortung für den gesellschaftlichen Zusammenhalt und für die funktionierende Gesellschaft. Damit sich der Manager dieser Herausforderung erfolgreich stellen kann, muss er ein im Sinne Druckers „gebildeter Mensch" sein und eine Ausbildung in den Wissensgebieten durchlaufen, die ihn befähigen, in zwei Kulturen zu leben und erfolgreich zu arbeiten. Da alles Wissen vorläufig ist und die zentralen Wissensgebiete der Wissensgesellschaft einem beschleunigten Wandel unterliegen, ist der Manager zu lebenslangem Lernen verpflichtet. Druckers Idealtypus des Managers enthält eine Aufforderung zu handeln, zu richtigem Handeln, die „guides to right action" der Humanisten. „Wenn ich eine Wissenschaft betreibe, dann ist es eine Moralwissenschaft", schrieb Drucker, wie erwähnt, 1993. Er war ein Humanist, „an old liberal arts man", ein Moralphilosoph in der Tradition von Adam Smith[134].

134 Vgl. hierzu Adam Smith: Theorie der ethischen Gefühle (Originaltitel: Theory of moral sentiments, 1759), Hamburg 2004

Der effektive Manager

Bisher habe ich Peter Druckers Verständnis von der Stellung und Funktion des Managers in der Gesellschaft dargelegt. Was aber sind die konkreten „Werkzeuge", das Instrumentarium des Managers, um seinen Aufgaben und seiner Verantwortung gewachsen zu sein? Was muss der Manager tun, um effektiv zu sein? Effektiv in dem Sinne, die richtigen Dinge zu tun und nicht nur die Dinge richtig zu machen?

„The Effective Executive" heißt der Titel des wohl am meisten gelesenen Buches von Peter Drucker aus dem Jahr 1964. In diesem behandelt er detailliert das Anforderungsprofil des effektiven Managers. 40 Jahre später, in dem von Peter Drucker und mir herausgegebenen Buch „Kardinaltugenden effektiver Führung", hat er die wesentlichen Aspekte des Profils in seinem einleitenden Beitrag noch einmal skizziert.

Wir hatten damals, wie an anderer Stelle bereits erwähnt, als Buchtitel zunächst „Konservative Werte und effektives Management" vorgesehen, konnten uns damit aber nicht durchsetzen, da schon zu dieser Zeit das Modewort „Leadership" bzw. „Führung" dem eher schlichten Begriff „Management" den Rang abgelaufen hatte.

Nachfolgend möchte ich die wesentlichen Merkmale des idealtypischen Profils vom effektiven Manager nach Drucker zusammenfassen:

1. „Effektive Manager stellen zuallererst die Frage: „Was ist zu tun?", um die Posteriorities zu identifizieren und die Prioritäten festzulegen.
2. Effektive Manager stellen zuallererst die Frage: „Was ist das Richtige für das Unternehmen?" und nicht „Was ist gut für die Eigentümer?" oder „Was ist gut für die Mitarbeiter?" oder „Was ist gut für den Aktienkurs?"

3. Effektive Manager stellen folgende Fragen zur Entwicklung eines Aktionsplanes, und prüfen in diesem Zusammenhang die Kompatibilität mit den Rahmenbedingungen des Rechtsstaats:

„Welche Beiträge, Leistungen und Resultate sollte das Unternehmen innerhalb der nächsten achtzehn Monate bis zwei Jahre von mir erwarten?“ Für welche Beiträge, Leistungen und Resultate während dieses Zeitraums bin ich verantwortlich?“, „In welchem Zeitraum?“

Nachdem sie sich eingehend mit den Fragen „Was ist zu tun?“, „Was ist gut für das Unternehmen?“ und „Wo liegen meine Prioritäten?“ befasst haben, sollten sie die eventuellen Hemmnisse berücksichtigen, die sich anhand folgender Fragen ermitteln lassen:

- Ist unser Vorgehen ethisch einwandfrei?
- Ist unser Vorgehen unternehmensintern akzeptabel?
- Ist unser Vorgehen legal?
- Ist unser Vorgehen mit unseren Ideen, unseren Werten und unserer Unternehmenspolitik kompatibel?

Auf dieser Basis entwickelt der effektive Manager einen Aktionsplan und legt die Deadlines fest. Dieser Aktionsplan bedarf der periodischen Überprüfung erstmals nach 9 Monaten.

Das Paradox des Aktionsplans erläutert Peter Drucker an einem Beispiel:

> „Napoleon sagte einmal, keine erfolgreiche Schlacht wäre jemals ihrem Plan gefolgt. Dennoch plante Napoleon jede einzelne seiner Schlachten minutiös voraus – viel mehr als es jemals ein anderer General getan hatte. Ohne Aktionspläne werden Führungskräfte zu Gefangenen der Ereignisse. Aber wenn die Aktionspläne nicht immer wieder auf die Ereignisse hin systematisch überprüft und revidiert werden, können Führungskräfte nicht entscheiden, welche Ereignis-

se wirklich von Belang und welche lediglich viel Lärm um nichts sind; sie verlieren dann die Kontrolle."[135]

4. Effektive Manager wissen, dass das Umsetzen eines Aktionsplans nur möglich ist, wenn sie die Entscheidungsverantwortung hierzu übernehmen, und dass keine Entscheidung wirklich getroffen wird, solange sie nicht
   - den Namen desjenigen enthält, der für die Umsetzung und Fristeinhaltung verantwortlich ist;
   - die Namen derjenigen aufführt, die von ihr betroffen sind und entsprechend informiert sein müssen, sie verstehen und sie gutheißen (bzw. wenigstens akzeptieren) müssen;
   - die Namen der Menschen nennt, die über die Entscheidung unterrichtet werden sollten, auch wenn sie nicht direkt von ihr betroffen sind.

Bevor diese Voraussetzungen nicht erfüllt sind, handelt es sich nicht um Entscheidungen, sondern bestenfalls um gute Absichten. Effektive Führungskräfte wissen außerdem, dass Entscheidungen eine systematische Überprüfung zu einem vorher festgesetzten Zeitpunkt brauchen – von den Ergebnissen bis hin zu den Annahmen, die der Entscheidung zugrunde lagen. Auf diese Weise lassen sich falsche – und insbesondere inadäquate – Entscheidungen korrigieren, bevor sie wirklichen Schaden anrichten.

Systematisches Feedback wie oben beschrieben ist vor allem im Bereich der schwierigsten Entscheidungen wesentlich: den personellen.

5. Effektive Führungskräfte übernehmen die Verantwortung für die Kommunikation. Sie sorgen dafür, dass sowohl ihr

---

135 Peter F. Drucker: Was macht eine effektive Führungskraft aus? In: Peter F. Drucker / Peter Paschek (Hrsg.): Kardinaltugenden effektiver Führung, ebd., S. 13ff.

Aktionsplan als auch ihr Wissensbedarf von allen verstanden werden.

6. Effektive Manager fokussieren sich auf Chancen, nicht auf Probleme.
7. Effektive Manager halten produktive Meetings ab. Sie machen diese zu Arbeitssitzungen und vermeiden, dass darin nur Unsinn fabriziert wird.
   Des Weiteren wissen sie, dass es unterschiedliche Formen von Meetings gibt, und sie wissen, was eine jede dieser Formen verlangt.
8. Effektive Manager befolgen zwei Regeln strengstens:
   - Effektive Führungskräfte denken oder sagen nicht „ich", sondern „wir".
   - Effektive Führungskräfte sind die Ersten, die zuhören, und die Letzten, die reden.

Und immer wieder betont Peter Drucker, dass gute Manager sich erheblich in ihren Persönlichkeiten, Stärken und Schwächen, Werten und Überzeugungen unterscheiden. Sie haben nichts weiter gemein, als dass sie effektiv arbeiten, eben das Richtige tun. Es mag Führungskräfte geben, die schon als effektive Manager auf die Welt kommen. Doch die Nachfrage ist viel zu groß, als dass sie allein aus dem naturgegebenen Vorrat von „Napoleons" gedeckt werden könnte. Effektivität ist eine Disziplin, die man lernen muss. Und diese Disziplin ist für jeden Manager auf jeder Ebene dieselbe, vom Product Manager bis hin zum CEO. Ein Manager zu sein ist kein Privileg, sondern eine Verpflichtung. Und die oberste Verpflichtung dabei ist die zur Effektivität.

Zum Sehen geboren, zum Schauen bestellt!

Zusammenfassend möchte ich noch einmal festhalten: Peter Druckers Theorie von der funktionierenden Gesellschaft sieht das Management als „Society's Generic Function" – als führende Machtelite der Wissensgesellschaft mit der damit verbundenen Verantwortung für das Wohlergehen der Bürger dieser Gesellschaft. Dieses nicht nur für ihre materielle Kultur, sondern auch für ihre geistige, d. h. auch für ihre politische Kultur, für eine funktionierende politische Ordnung.

Um dieser Verantwortung gerecht zu werden, bedarf der Manager einer Bildung, die einen lebenslangen Lernprozess erforderlich macht. Hierzu gehören sowohl das Erlernen des Managementinstrumentariums, der Tools, der Skills, als auch, zu deren Fundierung, das Studium der Humanities.

So weit Druckers Theorie.

Nun ist es an der Zeit, sich der Wirklichkeit zuzuwenden, und dies unter zwei Aspekten. Zum einen gilt es die Frage zu klären, inwieweit die Gedanken Peter Druckers zu den neuen Realitäten heute Wirklichkeit geworden sind. Des Weiteren soll herausgefunden werden, ob die Manager den Forderungen Peter Druckers, die er an sie aufgrund dieser neuen Realitäten stellte, gerecht wurden und werden.

Hierzu bedarf es zunächst der Darlegung der Ideen Peter Druckers zum zentralen Phänomen dieser Realitäten, der Wissensgesellschaft.

„Gedanken für die Zukunft" lautet der bereits erwähnte Titel einer Sammlung von Aufsätzen Peter Druckers, erschienen 1959. Im Vorwort schreibt er „Ich gebe mich nicht der Täuschung hin, daß die Zukunft der Sterblichen bekannt oder auch nur erkennbar sei, geschweige denn, daß die Geschichte von strengen wissenschaftlichen Gesetzen bestimmt werde, die der Mensch erkennen könne."[136]

Drucker hätte nie Prognosen für die Zukunft geschrieben, obwohl man ihn – oft sehr zu seinem Unwillen – als „Futuristen" bezeichnet hat.

> „I am often called a ‚futurist'. But there is one thing I am not – ‚In the first place it is futile to try to foresee the future. This is not given to mortal man. And the idea that ignorance and uncertainty become vision by being put into a computer is not a particularly intelligent one. One problem is that the things the most brilliant and most successful predictor never predicts are always the things that are more important than the things he does predict. Futurists always measure their batting average by how many of things they have predicted came true. They never count how many of the important things that came true they did not predict.
> A good example is the most successful futurist in recorded history, the French science fiction writer Jules Verne (1828–1905). Most of the technologies he predicted have come true. But he probably quite unconsciously assumed that society and economy would remain what they were around 1870 – and the changes in society and economy have, of course, been at least as important as the new inventions."[137]

Seine Gedanken für die Zukunft entwickelte Peter Drucker aus der Wahrnehmung dessen, was noch nicht allgemein erkennbar ist. „The Future has already happened."

Der Türmer Lynkeus in Faust II beginnt seinen Gesang mit den Worten „Zum Sehen geboren, zum Schauen bestellt". So lautet auch Peter Druckers Leitmotto für seine Arbeit:

> „It is based on looking rather than on analysis. It is based on perception. It is not only that it can not be reductionist. By

136 Peter F. Drucker: Gedanken für die Zukunft, ebd., S. 7
137 Peter F. Drucker: The Ecological Vision, ebd., S. 450

definition it deals with configurations. They may not be greater than the sums of their parts. But they are fundamentally different."[138]

Mit seiner Art des Schauens erkannte Peter Drucker schon Ende der 1950er Jahre das Heraufkommen der Wissensgesellschaft. Dabei betonte er immer wieder, dass gleichzeitig mit ihm, sein Landsmann, der Wirtschaftswissenschaftler Fritz Machlup, den Begriff Wissensgesellschaft geprägt hat.

In einer Vielzahl von Schriften hat Drucker diese Erkenntnisse niedergelegt: „Landmark of Tomorrow" (1958), „The Age of Discontinuity" (1969), „Managing in Turbulent Times" (1980), „The New Realities" (1989), „The Post-Capitalist Society" (1993) sowie in seinen Essays „The Coming of the New Organisation" (1988), „The Age of Transformation" (1994), „Beyond the Information-revolution" (1999), „The next Society" (2001).

Was sind nun im Detail die neuen Realitäten, denen wir uns, d. h. die Welt im 21. Jahrhundert, stellen müssen? Inwieweit haben Druckers Ideen „Daseyn in der Wirklichkeit gewonnen"[139]

Für Drucker waren es vor allem drei zentrale Herausforderungen. 1. Die Strukturen und Prozesse der Wissensgesellschaft und die gesellschaftliche Stellung des Wissensarbeiters. 2. Der neue Protektionismus und 3. Die demografische Entwicklung Daneben sah er eine Reihe weiterer Faktoren, die die Welt signifikant verändern. Auf diese werde ich anschließend zusammenfassend eingehen.

138 Ebd., S. 451

139 Wilhelm v. Humboldt: Über die Aufgabe des Geschichtsschreibers (1821). In: ders.: Schriften zur Anthropologie und Geschichte, ebd., S. 605

1. Die Wissensgesellschaft und der Wissensarbeiter als ihr maßgeblicher Sozialcharakter

Das Geschäft des Geschichtsschreibers in seiner letzten, aber einfachsten Auflösung ist Darstellung des Strebens einer Idee, „Daseyn in der Wirklichkeit" zu gewinnen. Denn nicht immer gelingt ihr dies beim ersten Versuch, nicht selten auch artet sie aus, indem sie den entgegenwirkenden Stoff nicht rein zu bemeistern vermag.

> „The next society will be a knowledge society. Knowledge will be its key resource, and knowledge workers will be the dominant group in its workforce. Its three main characteristics will be:
>
> – Borderlessness, because knowledge travels even more effortlessly than money.
> – Upward mobility, available to everyone through easily acquired formal education.
> – The potential for failure as well as success. Anyone can acquire the ‚means of production', i.e., the knowledge required for the job, but not everyone can win.
>
> Together, those three characteristics will make the knowledge society a highly competitive one, for organisations and individuals alike. Information technology, although only one of many new features of the next society, is already having one hugely important effect: it is allowing knowledge to spread near-instantly, and making it accessible to everyone. Given the ease and speed at which information travels, every institution in the knowledge society – not only businesses, but also schools, universities, hospitals and increasingly government agencies too – has to be globally competitive, even though most organisations will continue to be local in their activities and in their markets. This is because the Internet will keep customers everywhere informed on what is available anywhere in the world, and at what price.
> (…)

> This new knowledge economy will rely heavily on knowledge workers."[140]

Peter Drucker definiert die Wissensarbeiter als „people whose jobs required formal and advanced schooling which enables them to enter knowledge work, and continuing education throughout their working lives to keep their knowledge up to date".

Der in der erwerbstätigen Bevölkerung einer entwickelten Wissenschaftsgesellschaft vorherrschende Wissensarbeiter ist der „Knowledge Technologist".

> „High-Knowledge Workers, such as doctor, lawyers, scientists, clerics and teachers have been around for a long time, although their number has increased exponentially in the past hundred years. The largest group however, barely existed until the start of the twentieth century and took off only after Second World War. They are Knowledge technologists – people who do much of their work with their hands, but whose pay is determined by the Knowledge between their ears, acquired in formal education rather than through apprenticeship – e.g. dental technicians, knowledge technologists in IT and Manufacturing."[141]

Mit dem Heraufkommen der Wissensgesellschaft geht nach Drucker ein Wandel der Strukturen und Prozesse in der Organisation des Wirtschaftsunternehmens einher. Er nennt einen Wandel von der „command and control"- zur informationsbasierten Organisation. Drucker erklärt diesen Umbruch folgendermaßen:

> „Back then, however, all the knowledge, such as it was, lay with the very top people. The rest were helpers or hands, who mostly did the same work and did as they were told. In

140 Peter F. Drucker: The Next Society (2001). In: ders.: A functioning Society, ebd., S. 198f.

141 Ebd., S. 209

> the information-based organization, the knowledge will be primarily at the bottom, in the minds of the specialists who do different work and direct themselves.
> So today's typical organization in which knowledge tends to be concentrated in service staffs, perched rather insecurely between top management and the operating people, will likely be labeled a phase, an attempt to infuse knowledge from the top rather than obtain information from below.
> Finally, a good deal of work will be done differently in the information-based organization. Traditional departments will serve as guardians of standards, as centers for training and the assignment of specialists; they won't be where the work gets done. That will happen largely in task-focused teams."

Zwei weitere Phänomene werden, so Drucker, die Strukturen der Wissensgesellschaft beeinflussen: Eines davon ist die Chance des unbegrenzten Aufstiegs als Kulturproblem.

> „‚The Knowledge Society' is the first human society where upward mobility is potentially unlimited. Knowledge differs from all other means of production in that it cannot be inherited or bequeathed. It has to be acquired anew by every individual and everyone starts out with the same ignorance."

Die Schattenseiten dieser unbegrenzten Möglichkeiten beschreibt Peter Drucker wie folgt: „The upward mobility of the Knowledge Society, however, comes at a high price: the psychological pressures and emotional traumas of the rat race. There can be winners only if there are losers within this competitive struggle."

Des Weiteren führt Knowledge Work zur Aufhebung der Geschlechtertrennung – „Knowledge Work is ‚unisex', not because of feminist pressure but because it can be done equally by both sexes. There were no women doctors in Europe until the 1890s. But one of the earliest European women to get a medical doctorate, the great Italian educator Maria Montessori, reportedly said: ‚I am not a womandoctor; I am a doctor who happens to be a woman.' The same logic applies to all knowledge work. Knowledge workers, whatever their sex, are professionals, applying the same knowledge, doing the same work, governed by the same standards, and judged by the same results."[142]

Vom Wissensarbeiter wie auch vom Manager der Wissensgesellschaft erfordert dies: „greater selfdiscipline and even greater emphasis on individual responsibility for relationships and communications."[143]

Einer der Wissensarbeiter ist der Manager. Demzufolge ist er in die eben dargelegten Rahmenbedingungen dieser Gesellschaft „hineingestellt". Sie sind eine Herausforderung seiner gesamten Lebensführung.

Aus dem Vorhergesagten resultieren nach Drucker vier zentrale Herausforderungen an das Management.

- Developing rewards, recognition, and career opportunities for specialists.
- Creating unified vision in an organization of specialists
- Devising the management structure for an organization of task forces
- Ensuring the supply, preparation, and testing of top management people.[144]

Die oberste Herausforderung an den Manager der Wissensgesellschaft aber lautet für Drucker, herauszufinden, „when to command and when to partner".

Zum Thema „the future of the Cooperation", das ich hier nicht weiter erörtern werde, möchte ich nur auf Peter Druckers oben zitiertes Essay „The Next Society" hinweisen, in dem er

142 Peter F. Drucker, ebd., S. 230

143 Peter F. Drucker: The Coming of the New Organization. In: Harvard Business Reviews, January/February 1988, S. 47

144 Ebd., S. 50

hierzu ausführlich Stellung bezieht. So zum Beispiel zur zukünftigen Bedeutung von Allianzen, Joint-Ventures, Minderheitsbeteiligungen, know-how agreements, usw.

In diesem Essay steht auch der weiter oben zitierte Satz:

> „In the half-century after the second world war, the business corporation has brilliantly proved itself as an economic organization, that is a creator of wealth and jobs. In the next society, the biggest challenge for the large company, especially for the multinational, may be its social legitimacy: its values, its mission, its vision."[145]

Dieses Zitat ist Peter Druckers Schlüsselforderung an den Manager der Wissensgesellschaft, sich durch seine Worte (!) und Taten nicht nur durch wirtschaftliches Können, sondern ebenso durch Verantwortung für das Gemeinwohl, d. h. vor allem durch Verantwortung für die politische Ordnung, zu legitimieren.

2. Der neue Protektionismus

Wissen als Schlüsselressource, Globalisierung, „knowledge knows no fatherland" kennzeichnen die Strukturen unserer modernen Gesellschaft. Doch Bewegung erzeugt Gegenbewegung, wie wir dies gerade in den letzten Jahren in Form von wachsendem Nationalismus und Protektionismus erfahren haben.

Peter Drucker sah bereits zur Mitte der 1990er Jahre eine sich verschärfende Inkongruenz von ökonomischer und politischer Realität: auf der einen Seite die grenzenlose globale Wirtschaft des Geldes und der Information sowie eine Wirtschaft der Produkte und Dienstleistungen, die sich in den vergangenen Jahrzehnten, aufgrund des sukzessiven Abbaus von wesentlichen politischen Schranken und Hindernissen, global

145 Peter F. Drucker: The Next Society, ebd., S. 230

entfalten konnten. Als Gegenbewegung zu dieser globalen, vorrangig wirtschaftlichen Entwicklung wächst eine politische Bedeutung des Nationalen und des Lokalen.

Bei dieser Inkongruenz erhält in turbulenten Zeiten in der Regel das Politische den Vorzug vor der ökonomischen Rationalität. Unterschiedliche Formen von Protektionismus sind die Folgen davon: „The first reaction to a period of turbulence is to try to build a wall that shields one's own garden from the cold winds outside."[146]

3. Demografische Entwicklung und Migration

Unter diesem Aspekt behandelt Peter Drucker die niedrige Geburtenrate verbunden mit der Ausalterung der meisten Gesellschaften entwickelter Länder. Als Beispiele nennt er Deutschland, Frankreich, Schweden, Italien, Portugal, Spanien, die Niederlande, Japan und auch China.

Eine Folge dieser Entwicklung ist für Drucker, dass „winning the support of older people will become a political imperative in every developed Country".

Eine weitere hochpolitische Herausforderung stellt sich für ihn hinsichtlich des Renten-Eintrittsalters und damit verknüpft die Zukunft der Strukturen in den Rentenversicherungssystemen.

Unter der Überschrift „Needed, but not Wanted" behandelt Drucker ferner das für ihn erstrangige Politikum Migration:

> „Needed but not wanted
>
> Immigration is certain to be an even hotter issue. The respected DIW research institute in Berlin estimates that by 2020 Germany will have to import 1m immigrants of work-

146 Peter F. Drucker: Management Challenges for the 21st Century, New York, 1999, S. 62

> ing age each year simply to maintain its workforce. Other rich European countries are in the same boat. And in Japan there is talk of admitting 500.000 Koreans each year – and sending them home five years later. For all big countries but America, immigration on such a scale it unprecedented.
> The political implications are already being felt. In 1999 fellow Europeans were shocked by the electoral success in Austria of a xenophobic right-wing party whose main plank is ‚no immigration'. Similar movements are growing in Flemish-speaking Belgium, in traditionally liberal Denmark and in northern Italy. Even in America, immigration is upsetting long-established political alignments. American trade unions' opposition to large-scale immigration has put them in the anti-globalization camp that organized violent protests during the Seattle meeting of the World Trade Organization in 1999. A future Democratic candidate for the American presidency may have to choose between getting the union vote by opposing immigration or getting the vote of Latinos and other newcomers by supporting it. Equally, a future Republican candidate may have to choose between the support of business, which is clamoring for workers, and the vote of a white middle class that increasingly opposes immigration."[147]

Über die oben genannten Aspekte hinaus gab es für Peter Drucker eine Reihe von Entwicklungen mit signifikanter Wirkung auf Denken, Handeln und die Werthaltungen der Menschen in den Gesellschaften des 20. Jahrhunderts.

Die „Information Revolution" – wie Drucker es nennt – mit ihrem Zentrum der Internettechnik – führe zu einem neuen geografischen Denken, bei dem Entfernung keine Rolle mehr spielt. Drucker erläutert dies wie folgt: „In the mental geography created by the railroad, Humanity mastered distance. In the mental geography of E-Commerce, distance has been eliminated. There is only one economy and only one market.

147 Peter F. Drucker: The Next Society, ebd., S. 202f.

The competition is not local anymore – it knows no boundaries."[148]

Wie oft hörte ich von Peter Drucker den an anderer Stelle schon zitierten Kinderreim: „The higher the monkey goes, the more of his behind he shows". Im digitalen Weltalter lässt sich daran anschließen: „Now the monkey has reached the top!"

Durch die Internettechnik wird der Mensch zwar nicht durchsichtig, er ist jedoch sichtbarer geworden, und dieses nicht unbedingt zu seinen Gunsten. Denn diese Sichtbarkeit erfasst ihn „in seiner ganzen Wahrheit, in seinen Tugenden und Lastern, in seiner Güte und Schrecklichkeit in seinen Trieben und Lüsten, in seinem Leiden und seiner Größe. Die digitale Kommunikation macht das Gesicht der Menschen und ihrer Institutionen sichtbar: Habgier, Geiz, Eitelkeit, Dummheit, Hass, Perversion, Grausamkeit, Wahnsinn, aber auch Genie, Liebe, Opfermut, Generosität, Weisheit, Ehre werden dort in tausend Schattierungen lesbar."[149] Unsere Taten und Worte (!) sind sichtbarer geworden. Das Internet ist wie ein Vergrößerungsglas, auch für Probleme und Konflikte.

Die vertikale Mobilität in einer Wissensgesellschaft habe ich bereits angesprochen. Das neue daran aber ist für Drucker, dass Zukunftsängste zu einem gesamtgesellschaftlichen Phänomen werden, denn die moderne Gesellschaft bietet dem Einzelnen zwar Möglichkeiten des sozialen Aufstiegs wie nie zuvor, Gleiches gilt jedoch auch für den gesellschaftlichen Abstieg. Neu daran ist, dass davon beinahe sämtliche gesellschaftlichen Milieus betroffen sind.

Einen weiteren großen globalen Konfliktherd sah Drucker in den nicht endenden kriegerischen Auseinandersetzungen

148 Peter F. Drucker: Beyond the Information Revolution. In: The Atlantic Monthly, October 1999, S. 18

149 Manfred Schneider: Transparenztraum: Literatur, Politik, Medien und das Unmögliche, Berlin 2013, S. 300f.

vom Mittleren Osten bis in die südlichen Philippinen und dem damit einhergehenden Terrorismus sowie großen Wanderungsbewegungen als Folge der Anfang der 1990er Jahre offen ausgebrochenen und sich ausweitenden Konfrontation mit dem Islam.

Die Zukunft der Demokratie

Ein Gedanke für die Zukunft aber war zentral für Peter Drucker, nämlich die Frage nach der Zukunft der liberalen Demokratie – für ihn die menschengerechteste Lebensform für eine erträgliche, lebenswerte Gesellschaft.

Sein Aufsatz „Can Democracies Win the Peace?" aus dem Jahr 1995 enthält alle Sorgen und Hoffnungen, die sich Peter Drucker – weder Pessimist noch Optimist – über Zustand und Zukunft der Demokratie machte. Er wusste um die Zerbrechlichkeit der ethischen und auch ökonomischen Basis dieser Gesellschaftsform und dass kulturelle Errungenschaften wie Demokratie und Marktwirtschaft, die die Voraussetzungen geschaffen haben, dass die Menschen in weiten Teilen der Welt seit mehr als 70 Jahren in materiellem Wohlstand sowie in Freiheit, Selbstbestimmung und Frieden leben können, zur Selbstverständlichkeit geworden sind. Diese Fortschritte erfahren mit zunehmender Dauer ihrer Existenz eher Geringschätzung als Anerkennung, denn, wie es der deutsche Philosoph Odo Marquard einmal treffend formulierte, „wer – fortschrittsbedingt – unter immer weniger zu leiden hat, leidet unter diesem Weniger immer mehr. Je besser es den Menschen geht, desto schlechter finden sie das, wodurch es ihnen besser geht.“[150]

Ausgehend von Druckers Überlegungen zur Zukunft der liberalen Demokratie und zu seinen „Guides to the right action“ zu Erhalt und zur Weiterentwicklung dieser Gesellschaftsform ist die Feststellung:

> „Communism has lost the Cold War. Now the Democracies have to win the Peace. That may be harder, as all history teaches. For forty years now it was enough that the Democracies were infinitely – and visibly – better. Now they are expected to be good. They are being measured now against their own professions and their own performance. Now the Democracies have to re-think and to re-form.“[151]

Drucker sah 1995 nicht das Ende der Geschichte voraus, sondern, im Gegenteil, „harte Arbeit“ auf die Demokratien zu kommen. Vielmehr gelte es, den sozialen Zusammenhalt, die wirtschaftliche Leistungsfähigkeit und die politische Ordnung zu schaffen, um sich den kommenden Herausforderungen zu stellen. Denn er erwartete vom 21. Jahrhundert ein Jahrhundert fortdauernder sozialer, ökonomischer und politischer Unruhen und Herausforderungen, zumindest in seinen ersten Jahrzehnten. Das Zeitalter des sozialen Wandels werde weiterhin Bestand haben und die Herausforderungen, die damals noch sehr verschwommen vor uns lagen, könnten, so Drucker, noch ernsthafter, noch entmutigender sein als die, welche die sozialen Veränderungen des 20. Jahrhunderts, die bereits hinter uns liegen, mit sich gebracht haben.

2004, zehn Jahre nach Erscheinen von „Can Democracies Win the Peace?“ stellte ich ihm angesichts des Mangels an er-

---

150 Vgl. hierzu: Odo Marquard: Philosophie des Stattdessen (1998). Stuttgart 2009, S. 37

151 Peter F. Drucker: Can Democracies Win the Peace? In: Managing in a time of Great Change, New York 1995, S. 307

kennbaren politischen Innovationen die Frage „Wie kann das Primat des Politischen ohne politische Ideen umgesetzt werden?" Hier ist seine Antwort:

> „In dem Moment, wo sich weltweit die Wirtschaft in der Krise befindet – und das haben wir zurzeit mit hohen Arbeitslosenzahlen in den wesentlichen Industrieregionen – gibt es das Primat des Ökonomischen, nicht des Politischen. Sollte es zu einem weltweiten wirtschaftlichen Aufschwung kommen, wer wird dann in der Lage sein, das Primat des Politischen zu artikulieren?
>
> Schauen Sie 100 Jahre zurück: Die große intellektuelle Kraft der westlichen Welt waren die sozialdemokratischen Parteien. Hier waren die überragenden Köpfe. Eine Ansammlung von überragenden Politikern wie die in der deutschen Sozialdemokratie um 1900 oder der britischen um 1920 ist höchst selten. Wo sind sie heute? Der intellektuelle Todesschlaf – das klingt überzogen. Ich sage besser: das intellektuelle Koma der westlichen Linken ist furchterregend. Gab es irgendeine neue Idee in der deutschen Sozialdemokratie seit Weimar? Sicherlich gab es bei den amerikanischen Demokraten seit Harry Truman keine und in Frankreich nicht seit Clémenceau. Was hat nun der sogenannte Liberalismus zu bieten? Es sind sicherlich hoch anständige Leute, aber sie leben in ihrem Denken im Wesentlichen immer noch in den 1920er und 30er Jahren.
>
> Ich sage dieses nicht kritisch, ich gehöre zu ihnen, aber es ist so. Deshalb lautet die Frage: Woher kommen die politischen Leitbilder? Man kann keine Gesellschaft bzw. Gesellschaft politisch freier Bürger allein auf Informationstechnologie aufbauen. Das ist ein sehr fragiles Fundament.
>
> Eine Gesellschaft braucht Grundwerte, Grundüberzeugungen – und die sind nicht da. – Vielleicht sind wir auch durch das 19. Jahrhundert verwöhnt – das war das Jahrhundert der politischen Ideen. Vorher war im Wesentlichen bürokratische Kompetenz Jahrhunderte lang gesellschaftsbestimmend, und die Ideen kamen aus den Religionen, den Wissenschaften, der Philosophie. Es gibt heute eben keine Be-

> bels, Kautskys oder Wassermanns. Damit müssen wir leben, auch wenn es schwerfällt. Ich versuche in diesem Zusammenhang Bismarck sinngemäß zu zitieren, er sagte Bezug nehmend auf Aristoteles: ‚Politik ist eine Art Theater.' Diesem Theater fehlt aber heute das Aufeinanderprallen großer Ideen, es fehlt das Drama, die Dramaturgie. Es fällt halt schwer, für Herrn Bush oder Herrn Kerry Enthusiasmus zu entwickeln oder für Herrn Schröder und seine Kollegen bei Ihnen in Deutschland. Allenfalls kompetentes Mittelmaß, Einzelprokuristen und Buchhalter wohin man schaut. Der größte Langweiler von allen ist Herr Blair – welch hochanständige Inkompetenz. Vielleicht ist das genau das, was wir heute brauchen. Vielleicht befinden wir uns am Ende einer Epoche von rund 250 politischen Jahren und benötigen ‚competent day to day administration'."[152]

Aber auch die „competent day to day Policy" ist ohne Innovationen in der Gesellschaft der Organisationen nicht möglich, zumal noch dazu ein jahrhundertealtes Problem als Herausforderung auf der Agenda steht:

> „The diversity that is characteristic of a developed society and that provides its great strength is only possible because of the specialized, single-task organizations that we have developed since the Industrial Revolution and, especially, during the last fifty years. But the feature that gives them the capacity to perform is precisely that each is autonomous and specialized, informed only by its own narrow mission and vision, its own narrow values, and not by any consideration of society and community.
> Therefore, we come back to the old – and never resolved – problem of the pluralistic society: Who takes care of the common good? Who defines it? Who balances the separate and often competing goals and values of society's institu-

152 Peter F. Drucker / Peter Paschek: Kardinaltugenden effektiver Führung, ebd., S. 232f.

tions? Who makes the trade-off decisions and on what basis should they be made?
Medieval feudalism was replaced by the unitary sovereign state precisely because it could not answer these questions. But the unitary sovereign state has now itself been replaced by a new pluralism – a pluralism of function rather than one of political power – because it could neither satisfy the needs of society nor perform the necessary tasks of community. That, in the final analysis, is the most fundamental lesson to be learned from the failure of socialism, the failure of the belief in the all-embracing and all-powerful state. The challenge that faces us now, and especially in the developed, free-market democracies such as the United States, is to make the pluralism of autonomous, knowledge-based organizations redound both to economic performance and to political and social cohesion."[153]

Die hierzu erforderlichen politischen Innovationen müssen nach Drucker von einem Leitbild bestimmt sein, das freier Marktwirtschaft und der politischen Ordnung des demokratischen Rechtsstaats gleiche Bedeutung und gegenseitige Bedingtheit zuweist.

„But what is absolutely essential – or otherwise the Free Market will not function even as an economic institution – is what nineteenth-century political theorists called by a German word: the Rechtsstaat (the Justice State), and what we now call Human Rights: a social and political order which effectively protects the person and the property of citizens' against arbitrary interference from above. Human Rights equally guarantee the citizens' freedom to choose their religion; to choose their professions or their vocations; to form autonomous social institutions and to read, speak, write and think, free of dictation by any power whether party, church, or state.

153 Peter F. Drucker: Can Democracies Win the Peace?, ebd., S. 312

> Whether democracy then actually emerges – as the nineteenth-century Liberal fervently believed – remains to be seen. But without Human Rights as its foundation there surely will never be political democracy. There can only be chaos or tyranny. Equally, without Human Rights there is unlikely to be lasting economic development, even with market freedom.
> ‚Capitalism' and ‚Capitalists' we now know – thanks mainly to the work of a great French historian, the late Fernand Braudel – are not modern phenomena. Both have been common throughout the ages and are found in most cultures and countries of which we have any knowledge. What is ‚modern' is the Free Market as organizing principle of the economy. The Neo-Classics are right: without the Free Market there will be no functioning modern economy and, in fact, no economic growth. But the Free Market is in turn dependent on a functioning civil society. Without it, it is impotent."[154]

Diese Kernaussagen Peter Druckers zur Zukunft der Wissensgesellschaft stammen im Wesentlichen aus den 1980er und den 1990er Jahren. Festzuhalten aber ist, dass er seine Grundideen zur modernen Gesellschaft und den damit verbundenen Wandel von Managementaufgaben, von Strukturen und Prozessen der informationsbasierten Organisation und von den zu erwartenden signifikanten Veränderungen des Bildungssystems schon zur Mitte des 20. Jahrhunderts formuliert hatte. Zuallererst in seinem Buch „Landmarks of Tomorrow", das ursprünglich „The future has already happened" heißen sollte. Den zweiten und dritten Teil dieses Buches führte Peter Drucker damals mit den folgenden Worten ein:

> „The second part (Chapters Four through Nine) sketches four new realities, each of them a challenge, above all to the people of the Free World. The first is the emergence of Edu-

154 Peter F. Drucker: Can Democracies Win the Peace?, ebd., S. 333

> cated Society – a society in which only the educated man is truly productive, in which increasingly everybody will, at least in respect to years spent in school, have received a higher education, and in which the educational status of a country becomes a controlling factor in international competition and survival. ‚What does this mean for society and the individual? What does it mean for education?
> The human situation: The third and last part (Chapter Ten) is concerned with the new spiritual – or, if one prefers the word, metaphysical – reality of human existence: the fact that both knowledge and power have become absolute, have gained the capacity for absolute destruction beyond which no refinement, no increase is meaningful any more. This, for the first time since the dawn of our civilization, forces us to think through the nature, function and control of both.'"[155]

Eine erste umfassende Bestandsaufnahme von Peter Druckers „Das Fundament für Morgen" (so der deutsche Titel von „Landmarks of Tomorrow") liefert sein 1969 erstveröffentlichtes Buch „The Age of Discontinuity". Festzuhalten bleibt, dass die neuen Realitäten, die Peter Drucker für die Zukunft „dachte", heute weitgehend „Daseyn" in unserer Wirklichkeit gewonnen haben.

Aber wie steht es mit der Umsetzung seiner Handlungsempfehlungen? Denn, so Drucker, „there is no knowledge, unless it has utility. Knowledge is a tool to action." So möchte Drucker auch, dass seine Bücher gelesen werden: als „tools to right action". In „Management Challenges for the 21st Century" schreibt er:

> „How to use the book? I suggest you read a chapter at a time – they are long chapters. And then first ask: ‚What do these issues, these challenges MEAN for our organization and for me as a knowledge worker, a professional, an executive?' Once

155 Peter F. Drucker: Landmarks of Tomorrow (1957), New York 1999, S. XVIIf.

> you have thought this through, ask: ‚What ACTION should our organization and I, the individual knowledge worker and/or executive, take to make the challenges of this chapter into OPPORTUNITIES for our organization and me?‘
> AND THEN GO TO WORK!“[156]

Peter Drucker hat zweifelsohne einen entscheidenden, wenn nicht den wirksamsten Einfluss auf die Managementlehre und Managementpraxis – das gilt vor allem für seine Schriften „The Practice of Management“, „Management by Results“, „The Effective Executive“, „The Frontiers of Management“ sowie mit Einschränkungen sein „Management: Tasks, Responsibilities, Practices“ als eines seiner Hauptwerke und dann auch für den Zitatensammler „The Daily Drucker“. Druckers Sicht auf das Unternehmen in der Wissensgesellschaft als politische Institution hat allerdings kaum Resonanz gefunden. Ähnlich erging es bisher seinem Verständnis von Managementbildung.

Das Unternehmen als politische Institution

Immer wieder hat Peter Drucker betont, dass das Wirtschaftsunternehmen in der pluralistischen Gesellschaft der Organisationen zu einer politischen Organisation wird. In dieser Gesellschaft ist jede Organisation auf einen ganz speziellen Zweck ausgerichtet, ob Wirtschaftsunternehmen, Krankenhaus oder Universität. Und da ist es wieder, das weiter oben erwähnte, jahrhundertealte Problem: Wer ist für das Gemeinwohl zuständig, oder besser: Wer ist für das Gemeinwohl verantwortlich?

In seinem Buch „Managing in Turbulent Times“ hat Peter Drucker zu dieser Frage detailliert und klar Stellung bezogen.

156 Peter F. Drucker: Management Challenges for the 21st Century, ebd., S. 11

Ich habe im Folgenden versucht, die wichtigsten Passagen seiner brillanten Argumentation zusammenzustellen:

> „But who then takes care of the common wealth? This particular problem, which has been central to pluralism at any time, underlies the new demand ‚to be socially responsible.‘ In a pluralist society, every institution becomes a political institution and is defined by its ‚constituencies.‘ A ‚constituency‘ is a group that can impede an institution and can veto its decisions. It cannot, as a rule, get an institution to act, but it can stymie and block it. Its support may not be necessary to the institution; but its opposition is a genuine threat to the capacity to perform and to its very survival.
> In a pluralist society, all institutions are of necessity political institutions. All are multi-constituency institutions. All have to perform in such a way that they will not be rejected and opposed by groups in society that can veto or block them. The managers of all institutions will have to learn to think politically in such a pluralist society.
> Managers have to think politically – in terms of the minimum needed to placate and appease and keep quiet constituent groups that otherwise might use their power of veto. Managers cannot be politicians. They cannot confine themselves to ‚satisfying‘ decisions. But they also cannot be concerned only with optimization in the central area of performance of their institution. They have to balance both approaches in one continuous decisionmaking process.
> Such a process is doubly important in a pluralist society in which small, single-minded, often paranoid groups have attained a power out of all proportion to their actual size.
> Parties – groups that try to integrate individual interests into a majority coalition – are powerless against small minorities of single-minded ‚true believers‘ who assert that one negative issue, and only one negative issue, matters, and that the fate of the world, or at least so society, hinges on one narrow aim, whether it is not to eat meat, not to drink liquor, not to pollute the environment, or not to risk accidents or cancer whatever the price.

> The power is explained by the lethargy of the great majority of ‚moderates' who do not show up at meetings, do not vote, and do not greatly care. But in reality, the minority has the power to block because it is dedicated to one single issue and is basically not concerned with the consequences of its action. It is concerned only with nullifying.
> The small group with its single-minded dedication to one absolute can be called ‚paranoid' also in a different meaning of the term. It refuses to admit that it could possibly be wrong or could possibly use the wrong means to its end. If the results are not what it expected, that is only additional proof of the powers of evil. It is never taken as an indication that the group might have been wrong, let alone that its efforts were misdirected. No American prohibitionist could ever admit, for instance, that all the Prohibition Amendment did was make drinking fashionable, despite the overwhelming evidence to that effect."[157]

Daraus folgt für Peter Drucker, dass der Manager in der pluralistischen Gesellschaft der Organisationen sich nicht mehr auf ein „Reagieren" beschränken kann. Er kann nicht länger warten. Er muss die Initiative ergreifen und zu einem politischen Aktivisten werden. Was bedeutet das?

> „The manager of institutions must establish himself as the representative of the common good, as the spokesman for the ‚general will.' He can no longer depend on the political process to be the integrating force; he himself has to become the integrator. He has to establish himself as the spokesman for the interest of society in producing, in performing, in achieving. And this means that the manager of any institution (but particularly of business) has to think through what the policy should be in the general interest and to provide social cohesion. He has to do this before there is a ‚problem', before he reacts to somebody else's proposal, before there is an issue. And then he has to become the proponent, the ed-

157 Peter F. Drucker: Managing in Turbulent Times., S. 208–215

> ucator, the advocate. The manager, in other words, will have to learn to create the ‚issues,' to identify both the social concern and the solution to it, and to speak for the producer interest in society as a whole rather than for the special interest of ‚business.'
> And it is top management above all that will have to concern itself with the turbulences in the environment, the emergence of the world economy, the emergence of the employee society, and the need for the enterprises in its care to take the lead in respect to political process, political concepts, and social policies."[158]

Wie steht es nun um die Wirklichkeit? Finden diese Forderungen Druckers in der Managementpraxis heute Anwendung?

Am 17. Oktober 2008 schrieb Bernhard Blohm, damals Chefvolkswirt und Leiter Konzernkommunikation der HSH Nordbank, in einem Beitrag des Manager Magazins: „Es gehört in einer Marktwirtschaft grundsätzlich nicht zur Aufgabe von Unternehmen, sich selbst über das hinaus, was von Staat und Gesellschaft gefordert wird, Fesseln anzulegen. Im Gegenteil, ihre Aufgabe ist es, unter Beachtung von Gesetz und Ordnung wirtschaftlich möglichst erfolgreich zu sein." Blohm endet mit den Worten: „Die klare Aufgabenverteilung zwischen Staat und Wirtschaft ist die Erfolgsformel für Demokratie und Marktwirtschaft." (Blohm, 2008) Es ist sicherlich richtig, dass sich die Unternehmen keine unnötigen Fesseln anlegen sollten. Jedoch wäre es sinnvoll, wenn Wirtschaftsmanager so am politischen Prozess mitwirken würden, dass weder Gesellschaft noch Staat die Unternehmen auffordern müssten, diesen Prozess mitzugestalten.

Gleichwohl steht Bernhard Blohm mit seiner Haltung nicht allein. Seine Aussage spiegelt angesichts der Ergebnisse einer repräsentativen Studie des Göttinger Instituts für Demo-

158 Ebd., S. 216–218

kratieforschung aus den Jahren 2013/2014 weiterhin die Einstellungen vieler deutscher Topmanager wider.[159] Immerhin wurden bei dieser Untersuchung rund 160 Wirtschaftsführer in circa 260 Gesprächsstunden zu ihrem Politik- und Gesellschaftsbild befragt. Das Politik- und Demokratieverständnis der Manager sei mit einigen typischen Antworten illustriert:

- „Die politischen Rahmenbedingungen müssen gegeben sein, damit ein Unternehmen sich hier wohlfühlt."
- „Was mich auch ein bisschen stört: Ich glaube, wir haben manchmal ein bisschen zu viel Demokratie. Da wird zu viel immer abgestimmt und es dauert immer alles zu lange und dann wird eben nichts entschieden. Bleibt alles liegen, weil man sich nicht einig ist. Und da müsste man vielleicht ab und zu einfach sich mal durchsetzen auch als Politiker oder führender Politiker und Entscheidungen einfach durchziehen."
- „Von daher bin ich immer schon noch für Demokratie. Ich weiß bloß nur immer nicht, ob so die Fachkompetenz derjenigen, die da sitzen, ausreicht."

Die wesentlichen Ergebnisse zum Verhältnis der Manager zur Politik lassen sich wie folgt zusammenfassen:

- In den politischen Prozess sehen sich die befragten Führungskräfte nicht involviert – es sei denn als Aufgabe der Verbände oder ihrer PR-Abteilungen, Einfluss auf Gesetzgebungsverfahren zu nehmen. In besonders schwerwiegenden Fällen kann es zwar vorkommen, dass man in dem politischen Betrieb intervenieren muss, aber die Mitwirkung an den alltäglichen politischen Abläufen wird ausgeschlossen. Man kenne zwar diesen und jenen Politiker, von Fraktionsvorsitzenden, Regierungschefs oder Parteiführern ha-

159 Siehe hierzu: Franz Walter / Stine Marg (Hrsg.): Sprachlose Elite. Wie Unternehmer Politik und Gesellschaft sehen, Hamburg 2015

be man die Handynummer. Aber es scheint aus Sicht der Befragten kaum über die episodischen Kontakte zwischen Wirtschaft und Politik hinauszugehen. Von einer aktiven und kontinuierlichen Rolle von Managern bei der Gestaltung der politischen Kultur kann also keine Rede sein.

- Das Verhältnis zwischen Wirtschaft und Politik ist aus Sicht der Befragten eher ein Nicht-Verhältnis. Die Wirtschaft – so das Verständnis der Führungskräfte – liefert die eigentlichen Grundvoraussetzungen für die Existenz der Gesellschaft und somit auch für den Möglichkeitsraum der Politik. Während sich die Führungskräfte selbst für eine überaus qualifizierte, leistungsbereite und kreative Elite halten, unterstellen sie den Politikern Unfähigkeit, Oberflächlichkeit, Meinungs- und Prinzipienlosigkeit. Sie zeichneten sich durch Entschlusskraft aus, während die Politiker visionslos seien.
- Viele Befragte äußerten großes Unverständnis darüber, dass Politiker nicht einfach effizienter arbeiteten und durchregierten. Der politische Alltag mit den Praktiken des Aushandelns und Kompromisse-Schließens sowie der Integration der Belange von Minderheiten und der Berücksichtigung von Vielfalt findet kaum Anerkennung. Manager wünschen sich die regierenden Politiker als Gremium des Sachverstands. Tatsächlich attestieren sie jedoch der Politik fehlende Handlungsmacht und mangelnden Einfluss – selbstverständlich ganz im Gegenteil zu ihrem eigenen Verfügungsbereich als Topmanager.
- Ihre gesellschaftliche Verantwortung sehen die meisten Befragten im Großen und Ganzen darin, in ihrem Unternehmen für ein gesundes und familienfreundliches Wohlfühlklima zu sorgen und Arbeitsplätze zu schaffen.

- Die befragten Manager verstehen sich als Mitglieder einer Leistungselite. Hieraus leiten sie sowohl ihre gesellschaftliche Aufgabe als auch ihre Vorbildfunktion ab.

„How to organize ignorance", war – wie erwähnt – eines der wichtigsten Bücher, die Peter Drucker nicht geschrieben hat. Der überwiegende Teil der Befragten der Göttinger Studie zeigt sich dermaßen ignorant, dass man mit Henry Adams sagen könnte, „diese Vertreter der Wirtschaftselite sind so ignorant, dass sie gar nicht wissen, dass es das Wort ignorant gibt".

Vom Drucker'schen Manager als „political activist" ist wenig zu sehen bzw. zu hören angesichts dieser Aussagen.

Für Peter Drucker war diese Ignoranz eine der Ursachen für die sich seit der Jahrtausendwende verschärfende Kritik an der Wirtschaftselite. Bisheriger Höhepunkt in unserem Lande ist das im Jahr 2018 erschienene Buch „Die Abgehobenen. Wie die Eliten die Demokratie gefährden" des Soziologen und anerkannten Eliteforschers Michael Hartmann. Die Beispiele, die Hartmann aufführt, sind in der Tat z. T. hanebüchen. Doch diese Exzesse sind eben nicht die Regel. Die Regel ist der funktionierende gesellschaftliche Alltag. Doch dieser Alltag, speziell der funktionierende Managementalltag, ist weder für Print- noch für elektronische Medien und schon gar nicht für die Mediendienste des Internets als Nachricht interessant und schon gar nicht für eine Publikation mit Bestsellerambitionen.

Hinzu kommt, dass die Gegenkonzepte, die Hartmann und andere anbieten, an aufpolierte sozialistische Sozialstaatskonzepte erinnern. Forderungen nach „Demokratie von unten", also ähnlich den alten rätedemokratischen Illusionen.

Die Frage „Brauchen wir die Eliten?" ist falsch gestellt. Elitemacht ist ein bleibendes gesellschaftliches Phänomen. Es gilt, diejenigen zu fördern, die ihre Aufgaben schon jetzt im Sinne Druckers wahrnehmen. Von denen habe ich eine ganze Reihe während meiner nunmehr 40 Jahre währenden Beratertätigkeit kennengelernt.

Auch an den Universitäten gibt es Entwicklungen, die Hoffnung machen. Die Handelshochschule in Leipzig und die Technische Universität München sind hier besonders hervorzuheben.

Oder müssen wir uns doch mit dem Versagen von Eliten ebenfalls als bleibendes Phänomen abfinden und dass diese die Demokratie eher gefährden als sie konstruktiv zu gestalten? Ist die Frage „Braucht die Demokratie Eliten?" doch berechtigt?

Der leider in Vergessenheit geratene Philosoph und Soziologe Max Scheler hat vor fast 100 Jahren eine sehr ähnliche Position bezogen wie Jahrzehnte später Peter Drucker:

> „Keinen größeren Irrtum gibt es, als Demokratie und Elite in einen ausschließenden Gegensatz zu bringen, wie es leider ebenso viele elitefreundliche Anhänger dieser Staatsform als ihre, sei es nach monarchistischen, sei es nach irgendeiner Form diktatorischen Regimes strebenden Gegner tun.
> Wahr ist nur: Die Demokratie enthüllt die vorhandenen geschichtlichen Gegensätze von Stämmen, Konfessionen, Klassen, Parteien in einer Nation schonungsloser; aber sie produziert sie nicht. Und indem sie sie enthüllt, umreißt sie scharf und klar die zukünftigen Aufgaben, welche die Elite zu lösen hat."[160]

Der Beitrag Max Schelers, aus dem dieses Zitat stammt, hat den Titel „Der Mensch im Zeitalter des Ausgleichs". Scheler sah im Ausgleich die zentrale Gestaltungsaufgabe der kommenden Gesellschaften der Welt:

> „Wenn ich auf das Tor des im Anzug begriffenen Weltzeitalters einen Namen zu schreiben hätte, der die umfassende

160 Max Scheler: Der Mensch im Zeitalter des Ausgleichs. In: ders.: Gesammelte Werke, späte Schriften, Band 9, S. 145

> Tendenz dieses Weltalters wiederzugeben hätte, so schiene mir nur ein einziger geeignet – er heißt ‚Ausgleich'. Ausgleich in fast allen charakteristischen spezifischen Naturmerkmalen, physischen wie psychischen, die den menschlichen Gruppen als solchen zukommen, in die man die ganze Menschheit einteilen kann, und – gleichzeitig – eine mächtige Steigerung der geistigen, individuellen und relativ individuellen, z. B. nationalen Differenzen: Ausgleich der Rassenspannungen, Ausgleich der Mentalitäten, der Selbst-, Welt- und Gottesauffassungen der großen Kulturkreise, vor allem Asiens und Europas. Ausgleich der Spezifitäten der männlichen und weiblichen Geistesart in ihrer Herrschaft über die menschliche Gesellschaft. Ausgleich von Kapitalismus und Sozialismus, und damit der Klassenlogiken und der Klassenzustände und -rechte zwischen Ober- und Unterklassen. Ausgleich zwischen den politischen Machtanteilen von sogenannten Kultur-, Halbkultur- und Naturvölkern; Ausgleich auch zwischen relativ primitiver und höchstzivilisierter Mentalität. Relativer Ausgleich von Jugend und Alter im Sinne der Wertung ihrer Geisteshaltungen. Ausgleich von Fachwissenschaft und Menschenbildung, von körperlicher und geistiger Arbeit. Ausgleich zwischen den nationalen ökonomischen Interessensphären und dem Beitrag, den die Nationen geistig und für die Gesamtkultur und -Zivilisation der Menschen liefern. Ausgleich endlich auch zwischen den einseitigen Ideen vom Menschen, von denen ich soeben einige Typen nannte."[161]

Diesen Ausgleich zu leiten, ist nach Scheler eine höchst komplexe politische Aufgabe der Eliten, da nicht die Weltalter der zunehmenden Spannungsanstauung und die Partikularisierung die gefährlichsten für die Menschheit sind, sondern die des Ausgleichs: „jeder Vorgang, den wir Explosion, Katastrophe in Natur und Geschichte nennen, ist ein von Geist und

161 Ebd., S. 151

Willen nicht sinnvoll geleiteter oder leitbarer Ausgleichsvorgang".[162]

Kern dieser Leitungsaufgaben ist es, diesen Ausgleich so zu leben, dass er mit einem Minimum an Zerstörung, Explosion, Blut und Tränen vor sich zu gehen vermag.

An diesen Worten erkennt man sofort, dass Max Scheler, ebenso wie Peter Drucker, weder ein zu optimistisches noch ein zu pessimistisches Menschenbild hatte. Doch ebenso wie Drucker hat er mit Recht nie aufgegeben, ein Optimist zu werden.

Drucker und Scheler hatten noch eine weitere Gemeinsamkeit, nämlich ihre Auseinandersetzung mit dem Wissen der Gesellschaft und der Bildung des Menschen. Beide sahen die Gefahren einseitiger Bildungskonzepte und bezogen äußerst kritische Positionen in Bezug auf die Universitätsausbildung. So schrieb Scheler 1919 in „Innere Widersprüche der deutschen Universitäten":

> „Die Universität ist auch eine Ausbildungsstätte für die wissenschaftlich unterbauten Berufe. 95% unserer Studenten werden in ihrem ganzen Leben niemals forschen. Und dennoch werden diese jungen Leute nicht unterrichtet und erzogen mit der Intention auf ihre Berufsausbildung. An Wissen reich, an Stellung-nehmen-können und an Verantwortlichkeits- und Mitverantwortlichkeitssinn für diese Stellungnahme arm – ist der Eindruck, den unsere, die Universität verlassende akademische Jugend so oft dem objektiven Auge macht."[163]

70 Jahre später zieht Peter Drucker ähnliche Schlüsse:

> „No educational institution – not even the graduate school of management – tries to equip students with the elementa-

162 Ebd., S. 153

163 Max Scheler: Innere Widersprüche der deutschen Universitäten. In: ders.: Gesammelte Werke, 1919, S. 479

ry skills of effectiveness as members of an organization; ability to present ideas orally and in writing, briefly, simply, clearly; ability to work with people; ability to shape and direct one's own work, contribution, career; and altogether, skill in making organization a tool for one's own aspirations and achievements and for the realization of values. These, by the way, are very much the concerns that Socrates in Plato's dialogues talked about 2500 years ago as the keys to a life worth living.“[164]

Das oben Erwähnte führt auf dem direkten Wege zu einer zentralen Kategorie der Drucker'schen Theorie von der Wissensgesellschaft der Organisationen. Es handelt sich um „the educated person“, die gebildete Person, als dem – nach Drucker – für das Funktionieren der Wissensgesellschaft erforderlichen typischen Sozialcharakter.

Ich möchte auf diese Kategorie noch einmal detailliert eingehen, nicht nur wegen ihrer Bedeutung für das Gesellschafts- und Elitekonzept Peter Druckers, sondern auch aufgrund einer Reihe von Fehlinterpretationen, zu denen allerdings die zum Teil mehr als bescheidenen deutschen Übersetzungen einen Beitrag geleistet haben.

Peter Drucker fordert, dass der Typ „Knowledge Worker“, der Wissensarbeiter, zu dem auch die Manager gehören, sich zu einer gebildeten Person entwickelt, deren vorrangiges Merkmal aus der Fähigkeit besteht, ein Leben in zwei Kulturen zu führen.

Die gebildete Person Druckers allerdings als eine „im nicht humanistischen Sinne gebildete Person“ zu bezeichnen, die fähig sei, „ihr Wissen in der Gegenwart anzuwenden und zur Gestaltung der Zukunft zu nutzen“, wie es der von mir ansonsten hochgeschätzte österreichische Philosoph Konrad Liessmann in seinem höchst lesenswerten Buch „Theorie der Unbil-

164 Peter F. Drucker: The New Realities, ebd., S. 238

dung“ schreibt, ist nicht nur oberflächlich, sondern schlichtweg falsch.

Liessmann führt genauer aus, dass:

> „Das Phänomen des „Wissensarbeiters“, der mit der Gewinnung und Verteilung von Informationen beschäftigt ist, wurde, seit Peter F. Drucker, der Prophet des modernen Managements, in ihm die Verkörperung der ‚heraufdämmernden‘ Wissensgesellschaft erkannte, die den klassischen Industriearbeiter ablösen soll, zum Emblem dieser Vorstellung. Drucker definiert den Wissensarbeiter als eine in einem nichthumanistischen Sinn ‚gebildete Person‘, deren Kennzeichen die Fähigkeit ist, ‚ihr Wissen in der Gegenwart anzuwenden und zur Gestaltung der Zukunft zu nutzen‘.
> In diesem Konzept saugt der Wissensarbeiter übrigens jene Utopien an, an denen schon der Industriearbeiter gescheitert war: Drucker beschreibt die Wissensgesellschaft explizit nicht nur als postindustrielle, sondern auch als postkapitalistische Gesellschaft. Weil Wissen von Jedermann erworben und in den Wettbewerb geworfen werden kann, fallen endlich alle Klassenschranken, jeder ist im Besitz des wichtigsten Produktionsmittels dieser Gesellschaft: Wissen.
> Wer nun ans Ende der sozialen Stufenleiter gerät, kann sich nicht mehr auf Eigentumsverhältnisse, Gewalt oder Ausbeutung ausreden: Er hat nur schlicht zu wenig oder zu langsam oder das Falsche gelernt.“[165]

Liessmanns süffisante Bemerkung an anderer Stelle, dass diese Art von Wissensarbeiter auch auf das Fräulein von der Post zuträfe, geht ebenso stramm an Peter Druckers Verständnis von der Wissensgesellschaft vorbei. Bei ihm fallen eben nicht alle Klassenschranken, sondern er sieht vielmehr die Gefahr einer neuen Klassengesellschaft und damit die Gefahr eines Klassenkonflikts: zwischen Knowledge Worker und Service Worker,

165 Konrad Paul Liessmann: Theorie der Unbildung: die Irrtümer der Wissensgesellschaft, Wien 2006, S. 32

Letzterer als Beschäftigter im Bereich einfacher Dienstleistungen:

> „the cleaner in the hospital, the check-out assistant in the Supermarket, the driver of the delivery truck. They stand for a quarter or more of the workforce.
> Knowledge workers and service workers are not ‚classes' in the traditional sense. The line between the two is porous. In the same family there are likely to be service workers and knowledge workers who have advanced education. But there is danger that the post-capitalist society will become a class society unless service workers attain both income and dignity. This requires productivity. But it also requires opportunities for advancement and recognition.
> The social challenge of the post-capitalist society will, however, be the dignity of the second class in post-capitalist society: the service workers. Service workers, as a rule, lack the necessary education to be knowledge workers. And in every country, even the most highly advanced ones, they will constitute a majority."[166]

Druckers postkapitalistische Gesellschaft ist eben keine postindustrielle Gesellschaft in dem von Liessmann genannten Sinn. Drucker hat den Begriff „postindustriell" in diesem Zusammenhang niemals verwendet. Er spricht im Gegenteil von einer weiteren industriellen Revolution in der Wissensgesellschaft durch das Internet. Und diese Gesellschaft ist natürlich eine industrielle Gesellschaft, bei der es – so Liessmann dieses Mal korrekt – „um die mechanisierte und automatisierte Herstellung von identischen Produkten unter identischen Bedingungen und identischen Mitteln geht."

Besondere Ignoranz aber zeigt Liessmann in seiner Unterstellung, dass Peter Drucker mit dem Konzept von der postkapitalistischen Gesellschaft die Utopie einer Gesellschaft ent-

166 Peter F. Drucker: The New Realities, S. 57

wickelt, in der die bestimmenden Ressourcen des Kapitalismus keine Rollen mehr spielen.

Hierzu schreibt Drucker 1993:

> „The new society - and it is already here - is a post-capitalist society. It surely, to say it again, will use the free market as the one proven mechanism of economic integration. It will not be an ‚anti-capitalist society'. It will not even be a ‚non-capitalist society'; the institutions of capitalism will survive though some, e.g. banks, may play quite different roles. But the Center of gravity in the post-capitalist society - its structure; its social and economic dynamics; its social classes and its social problems - are different from those that dominated the last 250 years, and defined the issues around which political parties, social groups, social value systems, and personal and political commitments crystallized."[167]

Diese Entwicklung machte eine politische Ordnung erforderlich - so Drucker weiter -, in der transnationale, regionale, nationalstaatliche, lokale und selbst landsmannschaftliche Strukturen miteinander im Wettbewerb stehen, aber auch nebeneinander bestehen müssen.[168] Der Gipfel Liessmannscher Interpretation ist aber der angeblich nicht humanistische Bildungsbegriff Peter Druckers. Hierzu habe ich schon weiter oben Stellung bezogen, deshalb mögen einige zusätzliche Anmerkungen genügen.

Im Kapitel „The Educated Person" seines Buches „The Post-Capitalist Society" stellt Drucker das Verständnis von Bildung der Dekonstruktionisten dem der „Humanisten" gegenüber. Letztere „demand a return to the 19. Century liberal arts".[169] Sie sehnen sich nach dem Bildungsbürger des 19. und beginnenden 20. Jahrhunderts. Erstgenannte verneinen die

167 Peter F. Drucker: The Post-Capitalist Society, ebd., S. 6
168 Ebd., S. 4
169 Ebd., S. 192

Existenz einer gebildeten Person oder sie sprechen jedem Geschlecht, jeder Ethnie, jeder Rasse, kurzum jeder Minorität das Recht auf eine eigene gebildete Person zu. Beide Vorstellungen, so Drucker, führen in die Irre.

> „The knowledge society must have at its core the concept of the Educated Person. It will have to be a universal concept, precisely because the Knowledge Society is a Society of Knowledges. And because it is global – in its money, its economics, its careers, its technology, its central issues, and, above all, in its information. Post-capitalist society requires a unifying force. It requires a leadership group which can focus local, particular, separate traditions onto a common and shared commitment to values, onto a common concept of excellence, and onto mutual respect."[170]

Als Brückenschlag zur Vergangenheit allein sind die Humanities, also die Kulturwissenschaften in der Wissensgesellschaft, nicht von Nutzen. Die Wissensgesellschaft kann sich allerdings nicht den kultivierten Nichtsnutz und schon gar nicht den geschulten Barbaren leisten.

> „One hears a great many complaints these days, especially in the US, about the decline if not disappearance of the ‚humanities'. Any number of books bewail the ignorance of the great traditions on which civilization and culture rest. These complaints are valid. There is danger of producing a society of schooled barbarians."[171]

Drucker fordert daher nachdrücklich eine Bildung – speziell des Managers – zur gebildeten Person, eine Bildung, die die Humanities in die Wissensbildung des Managers integriert, um sie auch für unser Weltalter zu dem zu machen, wozu sie die Humanisten der Renaissance entwickelten:

170 Ebd., S. 192f
171 Ebd., S. 237

> „The advent of the knowledge society will force us to focus the wisdom and beauty of the past on the needs and ugliness of the present. This is what scholars and humanists contribute to the making of a life.
> There is need to make the ‚humanities' again what they are supposed to be: lights to make us see and guides to right action."[172]

Ohne die Bildung in den Kulturwissenschaften besteht die Gefahr, dass ein Sozialcharakter entsteht, von dem schon Max Weber vor 100 Jahren nichts Gutes ahnte:

> „Niemand weiß noch, wer künftig in jenem Gehäuse wohnen wird und ob am Ende dieser ungeheuren Entwicklung ganz neue Prophetien oder eine mächtige Wiedergeburt alter Gedanken und Ideale stehen werden, oder aber – wenn keins von beiden – mechanisierte Versteinerung, mit einer Art von krampfhaftem Sich-wichtig-nehmen verbrämt. Dann allerdings könnte für die ‚letzten Menschen' dieser Kulturentwicklung das Wort zur Wahrheit werden: Fachmenschen ohne Geist, Genußmenschen ohne Herz: [...] dies Nichts bildet sich ein, eine nie vorher erreichte Stufe des Menschentums erstiegen zu haben."[173]

Es ist klar erkennbar, dass Peter Drucker weder von einem posthumanistischen noch von einem, wie Liessmann es nennt, „nicht humanistischen" Bildungsideal ausgeht. Was Drucker stattdessen versucht, ist eine Erneuerung des humanistischen Bildungsideals. Bildung versteht er als gesellschaftliche Aufgabe im Dienste einer funktionierenden, d. h. für alle lebenswerten Wissensgesellschaft. Es geht ihm darum, „to reinvent the humanities", nicht im Sinne von neu erfinden, sondern im Sinne von „to bring into use again".

---

172 Ebd.

173 Max Weber: Protestantische Ethik und der Geist des Kapitalismus (1904/5). In: ders.: Gesammelte Aufsätze zur Religionssoziologie, Tübingen 1988, S. 204, S. 189

Hier sah Drucker, speziell in der Management-Ausbildung und Management-Entwicklung, entscheidende Defizite, die zum großen Teil immer noch bestehen. Doch angesichts vieler Entwicklungen überall auf der Welt und aufgrund meiner eigenen positiven Erfahrungen mit dem Studiengang „Management and Technology“, den ich an der Technischen Universität München seit mehreren Jahren als Lehrbeauftragter begleite, sage auch ich mit Peter Drucker: Ich bin zwar kein Optimist, aber angesichts dieser Erfahrungen werde ich weiter hart daran arbeiten, einer zu werden!

„Es gibt nichts in seinem (des Menschen) Leben, was der Mensch nicht machen müsste, wofür er nicht zu sorgen hätte, was er nicht zu gestalten hätte“, sagt Helmuth Plessner. Wie sollte das nicht für die Managementbildung gelten?

4 Eingreifende Ideen – der Intellektuelle als Sozialökologe

„Der Gedanke will Tat, das Wort will Fleisch werden. Und wunderbar! der Mensch, wie der Gott der Bibel, braucht nur seinen Gedanken auszusprechen, und es gestaltet sich die Welt, es wird Licht oder es wird Finsternis, die Wasser sondern sich von dem Festland, oder gar wilde Bestien kommen zum Vorschein. Die Welt ist die Signatur des Wortes. Dieses merkt Euch, Ihr stolzen Männer der Tat. Ihr seid nichts als unbewußte Handlanger der Gedankenmänner, die oft in demütigster Stille Euch all Euer Tun aufs Bestimmteste vorgezeichnet haben.“[174]

„Zusammenfassend muß unter dem Gesichtspunkt politischer Wissenschaft gesagt werden: Bildung ist Macht. Aber zur soziologischen Dynamis der politischen Machtausübung gehört doch wieder nur ein Maß von Intellektualität. Denn zur Eroberung der Macht und zu deren längerer Konservierung sind andere Faktoren wie Energie, Glaube an sich selbst, Menschenkenntnis von weit größerer Wucht. Demnach bleibt der Einfluß der Intelligenz auf die Masse an der Oberfläche. Nur wenn er durch objektive Elemente sekundiert wird, löst er politische Bewegungen aus, die sehr tiefgehende Veränderungen in der Struktur des sozialen Körpers hervorbringen.“[175]

---

174 Heinrich Heine: Zur Geschichte der Religion und Philosophie in Deutschland (1834), Stuttgart 1997, S. 92

175 Roberts Michels: Historisch-Kritische Untersuchungen zum Politischen Verhalten des Intellektuellen (1933). In: ders.: Masse, Führer, Intellektuelle. Frankfurt/New York 1987, S. 207

Eingreifendes Denken, ein von Bertolt Brecht geprägter Begriff, war für diesen nur von Wert, wenn das vermittelte Denken der Gesellschaft Mut zur Veränderung macht.

In Anlehnung an Brecht habe ich in der Überschrift zu diesem Kapitel den Begriff „eingreifende Ideen" verwendet - diese im Verständnis von Zwischenergebnissen eines niemals abzuschließenden Denkprozesses. Angeregt, den Begriff zu wählen, wurde ich aber von einem der größten „eingreifenden Denker" unserer Geschichte, Wilhelm von Humboldt.[176]

Der Brecht'sche Begriff zielt jedoch ausschließlich auf Veränderung, während es mir um eingreifende Ideen geht, die sowohl zur Veränderung als auch zum Bewahren ermutigen.

Die Aufgabe der Intellektuellen sehe ich im Vermitteln dieser eingreifenden Ideen. Sie geben anderen die Orientierung für ihr Handeln in Bezug auf die Gestaltung der politischen Kultur. Darin liegt eine große Verantwortung, auf die ich im Folgenden auf Grundlage der Ideen von Peter Drucker eingehen möchte.

Die Frage, inwieweit Intellektuelle der Orientierung folgen, die sie selber geben, werde ich nicht erörtern. Das würde eine eigenständige und umfassende Untersuchung erforderlich machen. Der große Philosoph Max Scheler hat hierauf eine Antwort gegeben, die zumindest schmunzeln lässt. Er entgegnete auf die Frage, wie er seinen Lebenswandel mit seiner Lehre von Ethik vereinbaren könne, mit den Worten „Haben Sie schon mal einen Wegweiser gesehen, der den Weg geht, den er weist?"

Jerry Yoram Wind, Director des SEI Center of Advanced Studies in Management der Wharton School, University of

176 Vgl.: Wilhelm von Humboldt: Ideen zu einem Versuch, die Wirksamkeit des Staates zu bestimmen (1792). In: Wilhelm von Humboldt, Werke Bd. 1, Schriften zur Anthropologie und Geschichte. 4. Auflage 2002, Darmstadt, S. 56–233

Pennsylvania, schrieb 2005 in einem Nachruf auf Peter Drucker: „With the passing of Peter Drucker, the world has lost one of its intellectual giants." Wind begründete seine Auffassung mit drei Eigenschaften von Drucker.

Zum einen bezeichnete er diesen als „Renaissance man" aufgrund der außergewöhnlichen Spannbreite von Druckers Wissen: „In addition to his well-known books and writings on management and society, economy and politics, on Japanese painting, and two novels (The Last of All Possible Worlds, 1982, and The Temptation to Do Good, 1984), he had enormous intellectual curiosity and social consciousness that guided much of his interests and activities."

Diese fundierten Kenntnisse in einer Vielzahl von Wissensgebieten machten Drucker, so Wind, zu einem wahrhaft transdisziplinären Gelehrten: „In his writing he bridged management as well as social and behavioral Science, clearly demonstrating that no management problem can be addressed effectively from the narrow confines of a single discipline. Moreover, Drucker was a „true integrator of theory and practice".

Aber vor allem – das ist für Jerry Yoram Wind entscheidend – war Peter Drucker „a real Mensch, always being humble, kind and friendly".

Am Beispiel von Peter Drucker zeichnet Jerry Yoram Wind das Idealbild eines Intellektuellen.

Doch wie sah Peter Drucker sich selbst? Was war sein Verständnis von Aufgabe und Verantwortung des Intellektuellen?

Peter Drucker definierte die Welt der Intellektuellen als eine Welt, in der Worte und Ideen im Mittelpunkt stehen. Die Sprache ist somit das wichtigste Werkzeug des Intellektuellen.

Bis hierher, aber nicht weiter lassen sich die vielfältigen Deutungen des Intellektuellenbegriffs noch auf einen gemeinsamen Nenner bringen. Denn schon die soziale Unstrukturiertheit dieses Phänomens bietet viel Raum für die unterschiedlichsten Interpretationen.

So bleibt der Terminus des Intellektuellen bis heute ein höchst vager und umstrittener Begriff, der mittlerweile in der Alltagssprache der Gesellschaft seinen Platz gefunden hat.

Doch soziale Begriffe der Alltagssprache, wie der des Intellektuellen, weisen darauf hin, welche Phänomene einer Gesellschaft problematisch geworden sind, mit welchen sich der öffentliche Diskurs kontrovers auseinandersetzt.

Daher erscheint es an dieser Stelle angebracht, vor einer Erörterung der Drucker'schen Standpunkte einen komprimierten geschichtlichen Überblick zum Streit der Meinungen über die Intellektuellen zu geben.

Als Geburtsstunde des Begriffs des Intellektuellen gelten die Ereignisse um die sogenannte „Dreyfus-Affäre“ in Frankreich zum Ende des 19. Jahrhunderts. Schon seitdem stritten und streiten sich bis heute die Geister, ob mit dem Begriff zunächst Respekt und Hochachtung zum Ausdruck kamen oder ob dieser zuerst als Schimpfwort verwendet wurde.[177]

Im Mittelpunkt stand damals im Januar 1898 der offene Brief von Emile Zola an den französischen Staatspräsidenten Félix Faure mit der Überschrift „J'Accuse“ in der Tageszeitung L'Aurore, die vom späteren französischen Präsidenten Georges Clemenceau herausgegeben wurde. In diesem geißelte Zola die völlig unrechtmäßige Verurteilung des jüdischen Offiziers Alfred Dreyfus. Er wandte sich an die Öffentlichkeit, um in die öffentliche Meinung einzugreifen, auf diese einzuwirken. Zola sah seine Aufgabe als namhafter Schriftsteller in der Gestaltung einer verantwortungsvollen Meinungsbildung, wie es Carlo Strenger, der leider viel zu früh verstorbene Psychologe und

177 Eine besonders beeindruckende Darstellung der Dreyfus-Affäre liefert der Kinofilm „J'accuse“ („Intrige“) von Roman Polanski aus dem Jahr 2019.

politische Philosoph, als Pflicht – nicht nur des Intellektuellen – für unsere Zeit einfordert.[178]

Im Vordergrund dieser Botschaft stand sicherlich die Anklage gegen das offensichtliche Unrecht, das Dreyfus widerfahren war. Der offene Brief richtete sich aber auch vehement gegen den besonders in Frankreich grassierenden Antisemitismus und gegen den die Gesellschaft dominierenden militärischen Kastengeist. Vor allem aber war es ein Aufruf für die Demokratie und ihre Werte angesichts der damals drohenden Gefahr eines autoritär-nationalistischen Regimes in Frankreich.

Einen Tag nach Zolas Brief erschien ebenfalls in der Zeitung L'Aurore eine Protestnote unterzeichnet von über 100 Schriftstellern, Hochschullehrern, Künstlern, Wissenschaftlern und Studenten, Ingenieuren und Architekten. In ihrem Aufruf unterstützten sie Zola. In den darauffolgenden Wochen schlossen sich immer mehr Intellektuelle in weiteren Veröffentlichungen dieser Protestnote an. Obschon diese die Überschrift „Une Protestation“ trug, ist sie als „Manifest der Intellektuellen“ in die Geschichte eingegangen. Bis heute ist nicht klar, ob der Begriff „Intellektueller“ zuerst vom Dreyfusard Clemenceau oder von dem Anti-Dreyfusard Maurice Barrès verwendet wurde. Eines jedoch ist sicher: In Frankreich hat der Begriff „Intellektueller“ bis heute eine überwiegend positive Konnotation behalten. Kritik kam dort zunächst aus den Reihen der Intellektuellen, und zwar immer dann, wenn Vertreter dieser gesellschaftlichen Gruppe sich von dem Leitgedanken der „Gründungsväter“ – also Emile Zola und seinen Mitstreitern – entfernten. Der Sprachwissenschaftler Dietz Bering hat diese Leitgedanken sehr treffend zusammengefasst: „Der Intellektuelle ist die Instanz, die ein bestimmtes Menschenbild internalisiert hat mit dem Zentralbegriff der Menschenwürde und

178 Carlo Strenger: Zivilisierte Verachtung Berlin 2015, S. 49ff.

Menschenrechte und die Gesamt-Realität an diesen Begriffen misst und die Disproportionen offen ausspricht und die Fähigkeit hat, das so zu sagen, dass die Leute hinhören."[179]

Die Kritik richtete sich nicht gegen die im Bering'schen Zitat zum Ausdruck gebrachte Parteilichkeit der Intellektuellen für Menschenwürde und Menschenrechte, sondern gegen das sich „In-den-Dienst-Stellen" von Heilslehren, wie die des Faschismus, Nationalsozialismus oder Kommunismus. In diesem Kontext sind besonders zwei französische Intellektuelle als Intellektuellenkritiker zu nennen. Der Philosoph Julien Benda, vor allem mit seiner 1927 erstveröffentlichten Schrift „Der Verrat der Intellektuellen", sowie der Soziologe und Philosoph Raymond Aron mit seinem Buch „Opium für Intellektuelle oder die Suche nach Weltanschauung" (1957). Trotz dieser internen Kritik hat es „in Frankreich immer etwas gegolten, ein Intellektueller zu sein"[180].

Wie aber sah und sieht die deutsche Gesellschaft die Intellektuellen?

> „Das tief geschwärzte Gegenbild (zu Frankreich, Anm. d. Verf.) lieferte die deutsche Geschichte bis zum Jahre 1945. Schon das erste Auftauchen des neuen Wortes im allgemeinen Bewusstsein ließ nichts Gutes erwarten: August Bebel empfahl 1903 auf dem Dresdner SPD-Parteitag, sich jeden Beitrittswilligen genau anzuschauen, ‚aber wenn es ein Akademiker ist oder ein Intellektueller, dann seht ihn Euch doppelt und dreifach an' (Stürmischer Beifall)."[181]

179 Dietz Bering, „Intellektueller": Schimpfwort – Diskursbegriff – Grabmal? In: ders. (Hrsg.): Die Intellektuellen im Streit der Meinungen. Berlin 2011, S. 327

180 Arno Orzessek: Ich klage an – Emile Zola und die Rolle der Intellektuellen. Deutschlandfunk Kultur, Zeitfragen/Archiv, Beitrag vom 10.1.2018

181 Dietz Bering, ebd., S. 328

Es überrascht nicht, dass die Nationalsozialisten die Intellektuellen von Beginn an als „instinktlos", „krank", „wurzellos", „jüdisch" und „zersetzend" diffamierten, deren Gehirnerweichung – so Joseph Goebbels – „durch das Lesen der jüdisch-demokratischen pazifistischen Presse von Tag zu Tag zunimmt"[182].

Doch auch die Kommunisten standen den Nationalsozialisten in nichts nach. Die Intellektuellen sollten, nach Lenin, „immer mit eiserner Faust angepackt werden!", da sie von „Disziplinlosigkeit", „Bildungs-Hochmut" und „Verneinen" bestimmt und dadurch als „wildgewordene Kleinbürger" dem Proletariat vollkommen fremd seien.

Aber auch die bürgerlichen Verfechter der Demokratie taten sich mit den Intellektuellen schwer, ausgenommen Heinrich Mann. Während sein Bruder Thomas von „Zivilisationsschwätzern" sprach, schrieb er 1932, dass man Mut benötigt, um heutzutage Wahrheiten „groß zu verfechten". Diesen Mut wünschte Heinrich Mann damals „dem einzelnen Intellektuellen", denn „dies ist ihre Stunde".[183]

Nach dem Krieg blieb das Verhältnis der deutschen Gesellschaft zu ihren Intellektuellen bei weitem nicht ungestört, doch es ist sicherlich entspannter geworden. Dazu bedurfte es jedoch eines längeren Prozesses. Nicht zu vergessen in diesem Zusammenhang bleibt die Rolle namhafter Intellektueller wie Martin Walser, Günther Grass und Heinrich Böll in ihrem Beitrag zur Entwicklung der liberalen Demokratie der Bundesrepublik vor allem in den 1960er und 1970er Jahren. Deren politisches Gewicht zu dieser Zeit wurde beispielsweise deutlich, als der damalige Bundeskanzler Helmut Schmidt die drei Genannten zur äußerst wichtigen und komplexen Entscheidungsfindung im Zusammenhang mit der Entführung der Lufthansamaschine „Landshut" konsultierte. Neben diesen einer brei-

182 Dietz Bering, ebd., S. 329
183 Dietz Bering, ebd., S. 331

teren Öffentlichkeit bekannten Persönlichkeiten gab es z. B. aus den Wissenschaften Intellektuelle, die im „Verborgenen" einen wesentlichen Beitrag zur Förderung des bundesrepublikanischen Demokratiekultur lieferten. Im Sinne des Twain'schen Leitsatzes: „Der Donner ist laut, der Donner ist eindrucksvoll, die Arbeit aber macht immer noch der Blitz" ist in diesem Zusammenhang vor allem die Schule des Münsteraner Professors Joachim Ritter zu nennen, zu der u. a. Hermann Lübke, Odo Marquard, Karl Homann oder auch Robert Spaemann gehören.

Im Gegensatz zu ihren wissenschaftlichen „Opponenten" Theodor Adorno, Max Horkheimer, Herbert Marcuse oder Jürgen Habermas blieben die Erstgenannten einer breiteren Öffentlichkeit jedoch verborgen.

Nach dem bisher Geschriebenen lässt sich der Begriff des Intellektuellen weitgefasst wie folgt definieren:

Der Intellektuelle gehört einer gesellschaftlichen Gruppe an, deren Vertreter über ihre gesellschaftliche Funktion – sei es als Journalisten, Wissenschaftler, Schriftsteller o. Ä. – Einfluss auf die politischen Stimmungen einer Gesellschaft nehmen und somit an der Gestaltung der politischen Kultur und der diese tragenden Normen.

Zum Abschluss meines Ausflugs in die Geschichte von Phänomenen und Begriff des Intellektuellen möchte ich auf bestimmte Haltungen eines doch größeren Kreises von Intellektuellen in Deutschland eingehen, die deren Einwirkung auf die öffentlichen Diskurse vor allem seit der Wiedervereinigung bis heute maßgeblich leiten.

Der von Peter Drucker und mir hochgeschätzte Christian von Krockow hat diese Haltungen in einem Interview 1997 treffend wiedergegeben. Besonders auf den Punkt gebracht ist folgendes Zitat:

> „(…) ein wesentliches Moment des Intellektuellen ist doch, daß er etwas moralistisch zum Allgemeinen und zu den Fra-

> gen der Zeit Stellung nimmt oder jedenfalls sein Interesse daran bekundet. Ob er heute wirklich noch etwas bedeutet – ich denke schon. Wenn wir gleich auf das Thema kommen, was eigentlich seit 1989 passiert ist, dann meine ich, daß das Klima doch sehr stark auch von den Intellektuellen bestimmt wurde und zwar im Sinne – und ich beziehe das einmal polemisch auf Adorno – von: ‚Mir ist mies'."[184]

Im Verlauf des Gesprächs weist von Krockow auf eine weitere problematische Haltung vieler Intellektueller hin. Ich nenne es eine Form von Ignoranz, wenn jemand immer wieder für die sozialen Belange großer Teile der Bevölkerung eintritt, andererseits aber nichts mit den alltäglichen Vorlieben dieser Menschen anzufangen weiß.[185]

Von Krockow bemerkt hierzu: „Ich erwähnte eben Stefan Heym als einen von vielen anderen, und ich denke, daß in der Phase Herbst '89 die Intellektuellen, gerade auch im Osten, eine durchaus wichtige Rolle gespielt haben, wenn auch im ‚Aufbruch 89' oder im ‚Neuen Forum' nicht nur Intellektuelle saßen. Auch der berühmte 4. November verdankt sich wirklich den Intellektuellen. Das kippt dann aber sehr abrupt um, und zwar schon im Dezember 1989. Da war beispielsweise Heym schon klagend über die eben noch edlen Menschen, aus denen für ihn nun eine wütende Horde geworden war, die nur nach Hertie drängt, usw."[186]

Heym vergisst, wie viele Intellektuelle, dass materielle Kultur eine notwendige Voraussetzung der geistigen Kultur ist. Sie hat somit „eine unentbehrliche Funktion", wie es der Soziologe

184 Interview mit Christian von Krockow. In: Wolfgang Jäger / Ingeborg Villinger (Hrsg.): Die Intellektuellen und die Deutsche Einheit. Freiburg i. B. 1997, S. 258–275

185 Vgl. hierzu ausführlich Thomas Hecken: Das Versagen der Intellektuellen: Eine Verteidigung des Konsums gegen seine deutschen Verächter, Bielefeld 2010

186 Interview mit Christian von Krockow, ebd., S. 263

Alfred von Martin einmal formulierte: „Erst kommt das Fressen …, das sagt nur, mit der Freude an drastischer Form, dasselbe wie ‚primum vivere' …"[187]

Dies zu akzeptieren, also sich mit der Wirklichkeit gemein machen, fällt nicht wenigen Intellektuellen schwer. Christian von Krockow hat das am Beispiel der „sanften Revolution" in der DDR auf den Punkt gebracht: „Daran gemessen halte ich das Greinen der Linken, daß die reine Idee des Sozialismus nicht so erhalten worden ist, wie sie gedacht war, für nebensächlich. Denn die Ideen haben vergessen, daß sie auch einer materiellen Schubkraft und Basis bedürfen, das gehört schon zum kleinen Einmaleins bei Marx. Das heißt, das ‚Neue Forum' hat die DDR auf die ideelle, und das Volk hat die DDR auf die materielle Basis verwiesen."[188]

Peter Drucker hat sich niemals einen Intellektuellen genannt. Eine derartige Selbstinszenierung lag ihm fern. Er wollte auch nicht einer sozialen Gruppe angehören, deren Vertreter „aus allen Ecken und Enden der Welt" kommen, in deren Interesse es liegt, „den Groll zu steigern und große Teile ihrer Tätigkeit damit zu verbringen, sich gegenseitig zu bekämpfen" – so zumindest definiert der von Drucker hochgeschätzte Freund seines Vaters Josef Schumpeter den Intellektuellen.[189]

Der Hauptgrund aber für Druckers Unbehagen gegenüber dem Begriff des Intellektuellen lag vor allem darin, dass er eben nicht dazu gehören wollte. Daher bezeichnete er sich als „Social Ecologist", als einen Sozialökologen.

Im letzten Kapitel seines Buches „The Ecological Vision" beschreibt Drucker unter der Überschrift „Reflections of a So-

---

187 Alfred von Martin: Im Zeichen der Humanität, Soziologische Streifzüge, Frankfurt/Main 1974, S. 72f.

188 Interview mit Christian von Krockow, ebd.

189 Joseph A. Schumpeter: Kapitalismus, Sozialismus und Demokratie (1942), München 1975, S. 231 f.

cial Ecologist" das Profil eines Sozialökologen und dieses zeigt größte Übereinstimmung mit den Merkmalen, die Jerry Wind eingangs dem Intellektuellen zuweist (s. weiter oben, S. 167).

Man könnte allerdings sagen, dass die Intellektuellendefinition für Drucker zu kurz greift, da er ja nicht nur Hochschulprofessor und Schriftsteller, sondern auch Berater war. Aber warum sollte es unter Beratern nicht auch Intellektuelle gegeben haben – und vielleicht gibt es ja heute noch welche!? Außerdem weist die Schumpeter'sche Definition dem Intellektuellen „das Fehlen einer direkten Verantwortung für praktische Dinge zu".[190] Das gilt natürlich auch für den Berater, denn, so Drucker wiederum, „The Consultant is the ox, who stands by and tells the bull how to mount the cow."

Doch zurück zum Sozialökologen nach Peter Drucker: Wenn er nach seiner Tätigkeit gefragt wurde, sagte Peter: „Ich schreibe". Und das Themengebiet seines Schreibens ist die Sozialökologie. „Concerned with man's man-made environment the way the natural ecologist studies the biological environment. Even my two novels, while pure fiction, are social ecology. The central character in one is European society before the First World War; the central character in the other is an American Catholic university around the year 1980."[191]

Im weiteren Verlauf des Textes nennt Drucker eine Reihe von Persönlichkeiten, die seiner Auffassung nach als Sozialökologen gelten. So zum Beispiel Alexis de Tocqueville, Bertrand de Jouvenel, Georg Simmel und Henry Adams, Thorstein Veblen und vor allem Walter Bagehot.

> „But none of these is as close to me in temperament, concepts, and approach as a mid-Victorian Englishman Walter Bagehot. Living, (as I have lived) in an age of great

190 Ebd., S. 237

191 Peter F. Drucker: The Ecological Vision: Reflections on the American Condition, S. 441

> social change – he died, aged fifty-one, in 1877 – Bagehot first saw the emergence of new institutions: civil service and cabinet government, as the cores of a functioning democracy, and banking as the center of a functioning economy. Similarly I was the first, a hundred years later, to identify management as the new social institution of the emerging society of organizations and, a little later, to spot the emergence of knowledge as the new central resource and of knowledge workers as the new ruling class of a society that is not only ‚postindustrial' but postsocialist and, increasingly, post-capitalist. Like Bagehot I see as central to society and to civilization the tension between the need for continuity (Bagehot called it ‚the cake of custom,' I call it civilization) and the need for innovation and change. Thus, I know what Bagehot meant when he said that he saw himself sometimes as a liberal Conservative and sometimes as a conservative Liberal but never as a ‚conservative Conservative' or a ‚liberal Liberal'."[192]

So wurde und blieb das Spannungsfeld zwischen Bewahren und Verändern in einer Gesellschaft das Zentrum des Interesses von Peter Drucker und damit seines Werkes.

Bei der Analyse und Deutung blieb er jedoch nicht stehen. Aus der Geschichte schöpfend und in die Realität schauend, suchte Drucker nach Wegen zu einer Annäherung an die „erträgliche Gesellschaft". Dies insbesondere über Fragen nach den Institutionen der Gesellschaft, die in der Lage sind, eine effektive Balance zwischen Wandel und Erhalten zu schaffen. Die im 19. Jahrhundert in Deutschland geschaffene politische Ordnung des Rechtsstaates war für Drucker in diesem Zusammenhang beispielhaft wirksam. Väter des Rechtsstaats waren Wilhelm von Humboldt, Joseph von Radowitz und Friedrich Julius Stahl. Sie beeinflussten Druckers Denken maßgeblich. Was ihn an diesem Trio faszinierte, war vor allem, dass „they tried to

---

192 Ebd., S. 442

create a stable society and stable polity that would preserve the traditions of the past and yet make possible change, and indeed very rapid change. And they succeeded brilliantly. They created the only political theory that originated on the continent of Europe in modern times – a least until Karl Marx fifty years later. But they also created a political structure that survived for almost a hundred years, until it came crashing down in World War I."

Die Hauptursache für das Scheitern dieser politischen Ordnung sah Drucker in der Unfähigkeit, „to get the military under civilian control – the major cause of the collapse of nineteenth-century Europe – the Rechtsstaat shared with all continental regimes, whether democracies, like the France of the Second Republic (as was demonstrated only too clearly in the Dreyfus Affair of 1896), or the absolute monarchy of the Russian Tsar – or of course with the constitutional monarchy of Meiji Japan as well."[193]

Ebenso beispielhaft wirksam für eine effektive Balance zwischen Bewahren und Verändern waren die von den Gründungsvätern der USA geschaffenen Institutionen der Verfassung: des Supreme Court und eines starken Präsidenten als „balancing wheel".

Im Alter von 22 Jahren begann Peter Drucker seine Gedanken hierzu und seine Erkenntnisse hieraus niederzuschreiben. Der Zufall will, dass der von ihm so hoch geschätzte Wilhelm von Humboldt im etwa gleichen Alter seine berühmte Schrift „Ideen zu einem Versuch, die Wirksamkeit des Staates zu bestimmen", verfasste.

Mit der Veröffentlichung seiner Schrift über Friedrich Strahl 1933 begann Drucker seinen schriftstellerischen Weg. Viele Publikationen folgten und immer stand das Spannungs-

193 Ebd., S. 443f.

feld zwischen Bewahren und Verändern im Mittelpunkt, so auch beim Thema „Management":

> „But over the years I began to realize that change too has to be managed. In fact, I came to realize that the only way in which an institution, whether a government, a university, a business, a labor union, an army, can maintain continuity is by building systematic, organized, innovation into its very structure. This finally led to my 1986 book ‚Innovation and Entrepreneurship', which tries to develop a discipline of innovation as a systematic necessity."[194]

Es war eine große Stärke von Peter Drucker, dass er seinen Blick stets auf das Ganze der Gesellschaft gerichtet hat, so auch bei der Behandlung der Rolle von Technik:

> „my interest has never been in technology as technology. I became interested because I found that technology has never been integrated into the study of society. The technologists look upon technology as having to do with tools. Historians, economists, philosophers – excepting only Karl Marx and Joseph Schumpeter – see technology as a demonic force outside their universe and perpetually threatening it. I see technology as a human activity in society. I see technology in fact as Alfred Russell Wallace, a theorist of evolution and a contemporary of Charles Darwin saw it: ‚Man', Wallace said, ‚is the only animal capable of conscious evolution; he invents tools.'
> And it soon became obvious to me that work is a central factor in shaping and molding society, social order, and community. In fact to me it became more and more clear that society is held in tension between two poles, the pole of great ideas, especially of course great religious ideas, and the pole of how man works. To me therefore technology deals with how man works rather than with tools per se. And so I

194 Ebd., S. 445f.

> began to think about a book tentatively entitled ‚A History of Work'."[195]

Die Spannung zwischen Bewahren und Verändern inspirierte Drucker darüber hinaus zur Beschäftigung mit der Organisation als der zentralen Institution in der modernen Gesellschaft sowie ihrer damit verbundenen Entwicklung zur Wissensgesellschaft.

> „By the late 1950s another major theme had begun to appear in my work: the emergence of knowledge as central resource, and of the knowledge society (a word I coined in the late 1950s). The characteristics of knowledge - and it is totally different from any other resource in society and economy - the responsibilities of knowledge; the place and function of the knowledge worker; and the productivity of knowledge work, are themes discussed in my writing."[196]

Eine Fragestellung allerdings blieb von seiner ersten bis zu seiner letzten Publikation von überragender Bedeutung:

> „Finally there is one continuing theme from my earliest to my latest book: the freedom, the dignity, the status of the person in modern society, the role and function of organization as instrument of human achievement, human growth and human fulfillment, and the need of the individual for both, society and community".[197]

195 Ebd., S. 446
196 Ebd., S. 449
197 Ebd., S. 449

Die Macht der Sprache

> „Die Sprache ist nichts Wirkliches und dennoch kann sie etwas Wirksames sein, eine Waffe, eine Macht …“[198]

Das gesamte Werk von Peter Drucker ist bestimmt vom Respekt vor der Bedeutung der Sprache. Hierzu geprägt wurde er von Kindheit an, denn das Wien, in dem er aufwuchs, hatte eine außergewöhnlich hohe Sensibilität für den Umgang mit der Sprache:

> „I would have respected language regardless of my field. The Vienna in which I was born in 1909 was extremely language-conscious. With his 1899 book ‚Zur Kritik der Sprache‘ (The Critique of Language), an Austrian, Fritz Mauthner (1849-1923), founded what we now call the philosophy of language. His book was in the library of every educated Viennese – as it was on the bookshelf of my home. Mautner first pointed out that language is not ‚message‘. It is not ‚medium‘. It is meaning as well.“[199]

Mauthner, der ein brillanter Philosoph und großartiger Schriftsteller war, ist leider – wie viele herausragende Intellektuelle nicht nur seiner Zeit – in Vergessenheit geraten. Über die Macht der Sprache schrieb Mauthner:

> „Es kann kein Zweifel darüber sein, daß auch Worte wie Waffen eine Verwundung oder Verletzung hervorbringen können. Denn Worte erwecken Vorstellungen und Vorstellungen können den sogenannten Willen zu Taten bringen, die verwunden oder verletzen. Wenn der Ingenieur auf einen Knopf drückt, der tausend Meter entfernt eine Mine zum Explodieren bringt, so wird die Elektrizität die Zwi-

---

198 Fritz Mauthner: Beiträge zu einer Kritik der Sprache (1899), Bd. 1, Leipzig 1923, S. 49

199 Peter F. Drucker: The Ecological Vision: Reflections on the American Condition, S. 455

> schenursache zwischen seiner Absicht und der Entzündung des Pulvers; die Maschine ist dann auf Auslösung durch Elektrizität eingestellt. Wenn der Hauptmann seiner wohlgebildeten Truppe Feuer kommandiert, so ist die Maschine auf Auslösung durch ein Wort eingestellt und etwas wie Elektrizität mitbeteiligt. Es kann auch ein Räuberhauptmann sein. Die Schüsse fallen und das Blei reißt Löcher ins Fleisch. Ebensolche Wirkungen können Worte in Form von Lügen, Verleumdungen, Denunziationen, Enthüllungen haben. Worte können Waffen werden oder doch Maschinenteilchen einer komplizierten Waffe."[200]

Der Intellektuelle verfügt – so Drucker – über die Macht der Sprache und Macht geht für ihn einher mit Verantwortung. Die Verantwortung des Intellektuellen (Drucker nennt ihn, wie erwähnt, Sozialökologe) liegt in der Aufgabe „to create right action", d. h. „his job is not to create knowledge. It is to create vision. He has to be an educator"[201].

Der Intellektuelle ist dafür verantwortlich, möglichst vielen Mitgliedern der Gesellschaft Richtung für ein Handeln zu weisen, das darauf zielt, „to maintain the balance between continuity and conservation on the one hand, and change and innovation on the other. Its aim is to create a society in dynamic disequilibrium. Only such a society has stability and indeed has cohesion"[202].

Im Bewusstsein der zerstörerischen Kraft von Worten setzte Drucker für die Intellektuellen zwei zentrale Leitbilder, zum einen das Gebot, respektvoll mit Sprache umzugehen, zum anderen die sittliche Pflicht, sich gegenüber dem „common man", dem Bürger, verständlich zu machen.

---

200 Fritz Mauthner: Beiträge zu einer Kritik der Sprache (1899), Bd. 1, Leipzig 1923, S. 152

201 Peter F. Drucker: The Ecological Vision: Reflections on the American Condition, S. 454

202 Ebd.

> „This implies, however, that the social ecologist has a responsibility to make his work easily accessible. It rules out being ‚erudite.' In fact, in social ecology being ‚erudite' is incompatible with, and the foe of, being ‚learned'. The conceit that science is not science, is in fact not ‚respectable', unless it is inaccessible, is obscurantism."[203]

Walter Bagehot, Peter Druckers in Temperament und Geist Verwandter, hat hierzu in besonders prägnanter Weise Stellung bezogen:

> „It is, indeed, a peculiarity of our times, that we must instruct so many persons. On politics, on religion, on all less important topics still more, every one thinks himself competent to think, – in some casual manner does think, – to the best of our means must be taught to think rightly. Even if we had a profound and far-seeing statesman, his deep ideas and long-reaching vision would be useless to us, unless we could impart a confidence in them to the mass of influential persons, to the unelected Commons, the unchosen Council, who assist at the deliberations of the nation. In religion the appeal now is not to the technicalities of scholars, or the fictions of recluse schoolmen, but to the deep feelings, the sure sentiments, the painful strivings of all who think and hope. And this appeal to the many necessarily brings with it a consequence. We must speak to the many so that they will listen, – that they will like to listen, – that they will understand. It is of no use addressing them with the forms of science, or the rigor of accuracy, or the tedium of exhaustive discussion. The multitude are impatient of system, desirous of brevity, puzzled by formality. They agree with Sydney Smith: ‚Political economy has become, in the hands of Malthus and Ricardo, a school of metaphysics. All seem agreed what is to be done: the contention is, how the subject is to be divided and defined. Meddle with no such matters'. We are not sneering at ‚the last of the sciences;' we are con-

203 Ebd.

> cerned with the essential doctrine, and not with the particular instance. Such is the taste of mankind."[204]

Den Bürgern die Mitwirkung an der Gesellschaft attraktiv zu machen, ist die Aufgabe der Intellektuellen. Dazu bedarf es vor allem des respektvollen Umgangs mit Sprache. Intellektuelle, schreibt Drucker, „need not to be great writers, but they have to be respectful writers, caring writers."

Ebenso scharf wie er den verantwortungslosen Umgang mit der Sprache verurteilte, kritisierte er die Neigung der Intellektuellen, ihre Stimme in den Dienst von Heilslehren, mit oder ohne Gott, zu stellen - eine Art Intellektuellenweltflucht (Max Weber), die die menschliche Natur weitgehend außer Acht lässt.

> „In 1927 a French philosopher, Julien Benda (1867–1956) published La Trahison de Clercs (The Treason of the Intellectuals), a blistering attack on the intellectuals of his day who for fashion's sake betrayed their duty and embraced racism and demagoguery, whether Nazism of Communism. The following decades then amply proved Benda's criticism – by the willingness of intellectuals all over Europe – and not just in Germany – so support Hitler, and equally by their willingness to support if not to idolize, Stalin."[205]

Doch auch seine Auseinandersetzung mit dieser Gruppe von Intellektuellen war bei Drucker bestimmt von einem respektvollen Umgang mit der Sprache. Derbe, aggressive Attacken waren ihm fremd, auch wenn ein Absolutheitsanspruch von Weltsicht und Moral manchmal regelrecht dazu herausfordern. Seine klare Argumentation verband er lieber mit Spott; ganz

204 Walter Bagehot: The first Edinburgh Reviewers (1855). In: Norman St. John-Stevas (Hrsg.): The Collected Works of Walter Bagehot. Volume 1, Hartfort, 1986, S. 311

205 Peter F. Drucker: The Ecological Vision: Reflections on the American Condition, S. 454f.

im Sinne von Christian von Krockow, der den Moralisten von links und rechts treffend als jemanden charakterisierte, der sich mit beinahe allem einlässt: „Haß, der ihm entgegenschlägt, empfindet er sogar als Auszeichnung und die Verfolgung als Bestätigung, denn er ist für das Märtyrertum wie geschaffen. Aber ins Lächerliche gezogen zu werden? Nein, das erträgt er nicht“[206].

Und heute? Welches wären für Peter Drucker die wichtigsten Voraussetzungen für den wirksamen Intellektuellen, d. h. für den Intellektuellen, der seiner Verantwortung gerecht wird?

An erster Stelle bliebe sicherlich Mauthners Postulat des sorgsamen, respektvollen Umgangs mit der Sprache in Wort und Schrift: „Ich habe mir redliche Mühe gegeben, zu bessern, was mir mangelhaft und besserungsfähig schien. An vielen hundert Stellen habe ich den prägnanteren, den einfacheren oder überzeugenderen Ausdruck, das stärkere oder das mildere Wort gesucht“[207]. Oder in den Worten Druckers: „everything needs a rewrite, at least seven times.“

Nicht zuletzt aufgrund der Tatsache, dass die sogenannten sozialen Medien zur – wie es der schon mehrfach zitierte Sprachwissenschaftler Dietz Bering treffend nennt – „Pißecke“ des öffentlichen Diskurses geworden sind, ist der sorgsame Umgang mit Sprache zur Pflicht eines jeden geworden, der zur verantwortlichen Meinungsbildung in diesen Diskursen beitragen will.

Das Internet hat das Stammtischniveau nicht nur sichtbarer gemacht, sondern auch die Bereitschaft zur Nachahmung signifikant erhöht. Es gilt, sich etwas „von der Seele“ zu reden, anstatt beim Sprechen oder Schreiben diszipliniert an den Aufwallungen der eigenen Seele zu arbeiten.

---

206 Christian von Krockow: Einspruch gegen den Zeitgeist. Hamburg 2002, S. 136

207 Fritz Mauthner, ebd., S. 1 (Vorwort)

Die zentrale Aufgabe der Intellektuellen bleibt jedoch das, was Peter Drucker als Ziel von allem intellektuellen Schaffen auf den Punkt gebracht hat: „Lights to make us see and guides to right action". Dies gerade angesichts des Zustands unserer Gesellschaft heute, dessen strukturelle Dissonanzen und die damit verbundenen Gefahren der Soziologe Ralf Dahrendorf schon vor mehr als einem Jahrzehnt aufkommen sah:

> „Es gibt extreme Beispiele für den fast unbemerkten Verlust an liberalen Grundwerten. Sogar die Folter wird nicht nur verwendet, sondern von manchen in der einstmals freien Welt gerechtfertigt.
> Auf einer Vielzahl von kleineren und größeren Wegen schleicht sich ein Autoritarismus ein, der in seiner Wirkung zwar nicht den totalitären Exzessen des 20. Jahrhunderts gleichkommt, aber doch die Verfassung der Freiheit beeinträchtigt. Dieser hat sogar ein Modell, das Ian Buruma als ‚autoritäre Technokratie' bezeichnet. Deren Ursprünge sind in Asien, in Singapur zumal, zu finden. Was diese Form der Begrenzung liberaler Ordnungen verspricht, ist ‚Wohlstand ohne Politik', also Wirtschaftswachstum ohne die aktive Bürgergesellschaft. Noch haben die öffentlichen Intellektuellen diesen schleichenden Autoritarismus nur sporadisch und ohne große Wirkung zum Thema gemacht. Es ist zu hoffen, dass die Tugenden der Freiheit nicht eingeschläfert werden durch die Allmählichkeit des Prozesses."[208]

So weit die Aufforderungen an den wirksamen Intellektuellen heute laut Peter Drucker. Aber werden die heutigen Intellektuellen diesen Forderungen gerecht? Und von wem werden sie überhaupt gehört?

Auf jeden Fall scheint es heutzutage jede Menge von ihnen zu geben. Deutschland verfügt sogar – laut dem Ranking der Zeitschrift „Cicero" über 500 wichtige Intellektuelle.

208 Rolf Dahrendorf: Versuchungen der Unfreiheit. Die Intellektuellen in Zeiten der Prüfung. München 2006, S. 214

Die Ergebnisse dieses Rankings werden dann entsprechend dem Niveau des Verfahrens der „Bild" kommentiert. Unter der Überschrift: „Das sind Deutschlands klügste Köpfe" und mit dem Untertitel „Deutschland, das Land der Dichter und Denker" versehen, erschien am 29.1.2019 ein Artikel, der den „Sieger" des Rankings verkündet: „Star-Philosoph Peter Sloterdijk ist der Klügste von allen. Er verdrängte den Schriftsteller Martin Walser vom Platz". Im weiteren Verlauf des Beitrags werden zwei weitere bemerkenswerte Erkenntnisse verkündet: „Der Trend im Ranking gehe ‚von Dichtern zu Denkern', so ‚Cicero'-Chef Christoph Schwennicke (der selbst auf einem bescheidenen Rang 472 landet). Verlierer seien vor allem Schriftsteller und Journalisten, deren ‚Dominanz schwindet', zugunsten von Natur- und Wirtschaftswissenschaftlern …" Zum anderen „Verwirrend dagegen die Platzierung von Bergsteiger-Legende Reinhold Messner, der es mit seine volkstümlichen ‚Leben-am-Limit'-Philosophie immerhin auf Platz 15 bringt …"

Peter Sloterdijk, laut „Bild" Star-Philosoph und 2019 der Klügste von allen, gehört seit Jahren zu den auf den ersten Plätzen gerankten.

Ein Beitrag von ihm in der NZZ aus dem Jahr 2019 spiegelt das wider, was die meisten Intellektuellen heute – bis auf einige Ausnahmen – in der deutschen Gesellschaft zu bieten haben. Zum einen vermitteln sie immer noch die von Christian von Krockow 1997 konstatierte Stimmung „mir ist mies" oder Schumpeters „Förderung des Unbehagens". Zum anderen beschränken sie sich auf die Deutung von Geschichte, Gegenwart und Zukunft und üben sich hinsichtlich ihrer möglichen Bestimmung als „guides to right action" in vornehmer Zurückhaltung. So wie auch Peter Sloterdijk, kurz vor seinem „Ranking-Sieg", am 29.12.2018.

Zu diesem Beitrag hatte ich einen Leserbrief verfasst, der leider nicht veröffentlicht wurde. Der Wortlaut dieses Briefes war folgender:

> „In beeindruckender Form, präzise und mit viel Sinn für das Wesentliche, erörtert Peter Sloterdijk ein Phänomen, das maßgeblich die Prozesse unserer Kulturgeschichte bis heute bestimmt hat: der ‚teuflische Pakt zwischen Lügnern und Belogenen'.
> Seine messerscharfe Analyse ist inhaltlich wie sprachlich eine prägende Eingebung. Als Konsequenz dieser Erkenntnisse richtet er einen politischen Appell an eine Gruppe der Gesellschaft namens ‚Freunde der Wahrheit', ein Aufruf zum politischen Handeln gegen die Inflation des Prinzips ‚Die Welt will betrogen werden!' ‚Der Gedanke geht der Tat voraus', schreibt Heinrich Heine zu Recht. Aber die Adressaten Peter Sloterdijks bleiben im Nebulösen: Wer sind die ‚Freunde der Wahrheit'? Meint er die Kraft, die im Einzelnen liegt, ‚mit seinem Widerspruchsgeist, seinem kritischen Vermögen und seiner unstillbaren Sehnsucht nach einer besseren Welt!' (Helmuth Plessner)? In welcher Weise müssen sich diese Freunde ‚mit der Wirklichkeit gemein machen', um sie verändern zu können?
> Deutung des Geschehenen und des noch Bevorstehenden allein ist keine Form der politischen Gestaltung!
> Ich hoffe sehr, dass Peter Sloterdijk in einem nächsten Beitrag auch zu diesen Fragen Stellung bezieht, sonst bleibt der kleine Ausblick am Ende seines großen Beitrags leider nur – Max Weber würde sagen – ‚Literatengeschwätz'."

Wie es auch anders gehen kann – im Sinne von Peter Drucker – zeigen Herfried Münkler, Hans Ulrich Gumbrecht[209], Peter Schneider, Karl Homann, Jürgen Mittelstrass, Wolf Lepenies,

---

209 Bei Sepp (Hans Ulrich Gumbrecht), den ich sehr schätze, fällt mir allerdings gelegentlich eine gewisse Heidegger-Lastigkeit auf – too much Heidegger, too less Löwith. Zu Heidegger empfehle ich immer den Aufsatz von Oskar Maria Graf „Unser Dialekt und der

Jan-Werner Müller oder Roger de Weck, um nur einige zu nennen.

Allen aber ist eins gemein: sie werden aufgrund einer zunehmenden Segregation der Öffentlichkeit in viele Öffentlichkeiten nur im „Kleinen" Gehör finden. Hinzu kommt, dass diese „Balkanisierung" der Öffentlichkeit die Entwicklung von „herausragenden" Intellektuellen unmöglich macht.

Nicht zu vergessen ist vor allem aber unsere Neigung, nur das zu lesen und dem zuzuhören, was Leute schreiben und sagen, die so ähnlich denken wie wir.

Damit wird es zur Aufgabe aller, die in der Welt der „Worte und Ideen" arbeiten, vom Schriftsteller bis zum Unternehmensberater, vom Journalisten bis zum Ingenieur – sich in die verantwortliche Meinungsbildung unserer Zivilgesellschaft einzubringen, um richtungsweisend die liberale Demokratie zukunftsfähig zu gestalten und weiterzuentwickeln. Das aber wird nur funktionieren mit der Umsetzung von Peter Druckers Postulat des sorgsamen und respektvollen Umgangs mit der Sprache und des sittlichen Leitbilds des Sich-Verständlich-Machens, denn auch heute gilt Walter Bagehots „we have to speak to the many…" Peter Drucker bleibt hierfür das große Vorbild.

Der Soziologe Wolf Lepenies hat in seiner Schrift „Benimm und Erkenntnis" den Aufklärer Denis Diderot folgendermaßen charakterisiert:

> „Diderots Intellektueller führt keine aparte Existenz, die Alltagswelt ist ihm nicht fern und fremd. Da er weiß, daß der Mensch nur in Gesellschaft mit anderen leben kann, will er seine eigene Soziabilität voll entwickeln, seinen Mitmenschen gefallen und sich nützlich machen. Die Bürgergesellschaft ist für ihn verehrenswert wie eine irdische Gottheit, er kennt ihre Prinzipien besser als jeder andere, in ihrer Ver-

Existenzialismus". In: ders.: An manchen Tagen. Reden, Gedanken, Zeitbetrachtungen. Frankfurt am Main 1961, S. 97–125

> vollkommnung sieht er sein höchstes Ziel. So wird die Selbstüberschätzung des Intellektuellen domestiziert und aus der Weltfremdheit des Gelehrten wird die Verpflichtung, zu Mehrung des öffentlichen Wohls beizutragen.“[210]

In diesem Sinne war Peter Drucker ebenso Aufklärer, allerdings ein skeptischer Aufklärer, der zwar die Zivilgesellschaft als unerlässliche Voraussetzung für eine erträgliche Gesellschaft ansah, diese allerdings nicht für so verehrenswert hielt wie eine irdische Gottheit.

Peter Drucker nannte sich in koketter Bescheidenheit einen „Bystander“[211]. Dies ist mir zu kurz gegriffen. Als „engagierten Beobachter“[212] sah sich der große französische Soziologe Raymond Aron, eine Bezeichnung, die den Intellektuellen Peter Drucker weitaus treffender charakterisiert, denn sein Werk war wie das von Aron geprägt von (Christian Krockow würde sagen) dem „Ethos engagierter Distanz“.[213]

---

210 Wolf Lepenies: Benimm und Erkenntnis. Frankfurt/Main 1997, S. 48

211 Peter F. Drucker: Adventures of a Bystander. New Work 1979

212 Raymond Aron: Der engagierter Beobachter. Gespräche mit Jean-Louis Missika und Dominique Wolton (1981), Stuttgart 1983

213 Siehe: Christian Graf von Krockow: Das Ethos der engagierten Distanz. Ein deutsches Gelehrtenleben – Zum Tode von Helmuth Plessner. In: Die Zeit, 28. 06. 1985.

5 „… keinen Sinn für den Ernst des Lebens"

> „Eines Tages, als ich auf der sehr langen Rolltreppe in der Piccadilly-U-Bahn-Station herunterführ, rief mich jemand laut an, der gegenüber auf der anderen Rolltreppe hinauffuhr. Es war Peter Drucker. Wir winkten einander zu; sobald er oben anlangte, drehte er sich um und fuhr die Treppe wieder herunter, um mich unten zu treffen. Ich, meinerseits, drehte mich unten herum und fuhr hinauf. Wir spielten das Auf- und Abfahren noch zwei oder dreimal, bis einer von uns zur Vernunft kam und auf den anderen wartete."[214]

Peter Drucker sagte einmal zu mir: „I am an old Schoolmaster! Wenn ich einmal sterbe, muss mein Mundwerk extra ausgelöscht werden, weil ich sonst nicht aufhöre zu reden."

Dieses Zitat kam mir in den Sinn, als ich über unsere gemeinsame Veranstaltung im Hotel Kempinski Gravenbruch, nahe Frankfurt nachdachte, über die ich an anderer Stelle bereits berichtet habe.

Peter und ich hatten uns, wie erwähnt, nach der Begegnung mit seinem Verleger Barth von Wehrenalp auf den Weg gemacht, um Doris Drucker vom Flughafen Frankfurt abzuholen. Auf dem Weg dorthin erlebte ich Peter Drucker wie so oft als fesselnden Erzähler. Voller Charme, Humor und von großer sprachlicher Gewandtheit. Diese Mal ging es um seine Zeit in Frankfurt während der 1930er Jahre, besonders um seine Ar-

214 Doris Drucker: Erfinde Radium oder ich wasch dir den Kopf. Hamburg 2001, S. 197

beit als Redakteur vom Frankfurter Generalanzeiger und den damaligen Chefredakteur und späteren FAZ-Gründer Erich Dombrowski.

Auf dieser Fahrt erfuhr ich unter anderem auch, dass die Mutter von Doris ihr langjähriges Abonnement des Generalanzeigers auf der Stelle kündigte, als sie erfuhr, dass dort ein gerade 22-Jähriger als Außenredakteur fungierte.

Als wir an der Ankunftshalle des Flughafens ausstiegen, hineingingen und vor dem Gepäckausgabe-Ausgang der Passagiere auf Doris warteten, setzte Peter seinen amüsant-interessanten „Geschichtsunterricht" fort und ich hörte gebannt zu. Die Fluggäste strömten an uns vorbei und Peters Wortfluss hielt weiter an. Doch mit zunehmender Dauer und immer weniger herauskommenden Gästen wurde Peter leiser und seine Unruhe immer deutlicher erkennbar, bis er schließlich abrupt stoppte und mich sehr besorgt und völlig durcheinander bat, ich möge doch im Hotel anrufen und fragen, ob Doris schon eingetroffen sei. Ich verließ einen aufgelösten Peter Drucker und ging zum nächsten Telefon. Gerade in dem Moment, als ich den Hörer abnahm, sah ich in einiger Entfernung eine zierliche Dame mit Handkoffer in ihrem typischen, dynamischen Schritt durch die Halle „marschieren". Ich rief „Peter, da kommt Doris!" Ich habe Peter Drucker, der ein „no sports"-Vertreter war, nie wieder so schnell, beinahe laufen gesehen. Vor allem aber nie so freudig erregt. Er versuchte Doris zu umarmen und zu tätscheln – allerdings erst, nachdem Peter und ich uns von ihr eine stramme Strafpredigt anhören mussten, da wir vergessen hatten, dass sie nur Handgepäck mitführte und einen ganz anderen Ausgang benutzt hatte. Die Freude war jedenfalls allseits riesig und Peter setzte bei der Rückfahrt ganz entspannt seinen „Geschichtsunterricht" fort.

Die Region Frankfurt war der Ort von ganz besonderer Bedeutung für die beiden, denn beinahe 60 Jahre vor unserer Veranstaltung dort im Jahr 1990 lernten sich Doris Drucker, geborene Schmitz in Königsstein/Taunus, Studentin des internationalen Rechts, und der Österreicher Peter Drucker, Kommilitone gleicher Disziplin, an der Universität Frankfurt kennen. Damals lud Peter Doris nach seinem Museumsbesuch zum Mittagessen ein. Diese war nicht sonderlich beeindruckt, doch Mutter Schmitz geriet in Rage, als sie erfuhr, dass ihre Doris mit einem Österreicher ausging. In ihrem Buch „Erfinde Radium …" erzählt Doris Drucker vom Dialog mit ihrer Mutter:

> „Meine Mutter wollte durchaus nicht, daß ich mich mit einem Österreicher einließ. Österreicher waren sprichwörtlich ein frivoles und verantwortungsloses Volk, das es liebte, schmalzige Melodien auf Violinen vorzuspielen.
> ‚Du verwechselst sie mit Zigeunern', sagte ich. ‚Ich mag Österreicher gern.'
> ‚Ich laß dich nie einen Österreicher heiraten', antwortete meine Mutter, ‚sie haben keinen Sinn für den Ernst des Lebens'."

Wie wir wissen, missachtete Doris Schmitz die Forderung ihrer Mutter und ehelichte den Österreicher Peter Drucker. Als dieser kurz vor Vollendung seines 96. Lebensjahres starb, waren die beiden fast 70 Jahre verheiratet. Ohne Doris wäre Peter nie zu dieser intellektuellen und sittlichen Größe gewachsen. Zudem war sie der „down to earth"-Part in dieser Ehe. Doris verstand es behutsam, aber – wenn nötig – mit harter Hand, Peters Blick von den Sternen wieder auf die Gasse zu lenken. Gerade weil sie Peter so sehr liebte, behielt sie immer die Entwicklung ihrer eigenständigen Persönlichkeit fest im Auge. Die Berühmtheit ihres Mannes war nie ein Störfaktor. Im Gegenteil: wie bereits erwähnt stand Doris Drucker in ihrem Eheleben in jeder Hinsicht ihre Frau. Nie stand sie hinter ihrem berühmten Mann, immer neben ihm, wenn erforderlich auch vor ihm.

Die Widmung von Peter in zwei seiner frühen Bücher geben beispielhaft Zeugnis hierfür:

This book owes to my wife whatever clarity of thought and unity of form it has. It is dedicated to her in the hope that the work and care which she lavished on it will not appear to her to have been entirely in vain.

TO DORIS

To whose care, thought and judgment every page bears witness, this book is dedicated in gratitude and love.

1998, Doris und Peter waren damals mehr als 60 Jahre verheiratet, erschien in einer Zeitschrift der American Society for Training and Development, ein großer Artikel über Doris mit der Überschrift: „A Day in the whirlwind life of Doris Drucker“. Der Beitrag begann wie folgt:

> „She speaks three languages, has worked as a technical market researcher, as an inventor, and as a patent agent. She has raised four children, penned articles for business magazine, and hiked to the 15,000-foot base camp of Mount Everest. Well, Mount Everest was at age 69. And, at 80-plus, she's the founder and CEO of a two-year-old company, RSQ, LLC. Doris Drucker means business.“[215]

Neben der Tätigkeit als Unternehmerin schrieb Doris in den 1990er Jahren ihre Biografie mit dem schon genannten Titel „Erfinde Radium oder ich wasch' dir den Kopf“.

Sie erzählt von ihrer Kindheit und Jugend bis zu ihrer Zeit als junge Frau in Großbritannien. Es ist die Geschichte des fortwährenden Kampfes einer starken Tochter, die falsche Traditionen verachtet und abschütteln will, gegen eine starke Mutter, die an der Vergangenheit festhält. So wollte Doris z. B. Medizin studieren, was die Mutter jedoch entschieden ablehnte

215 Training & Development, December 1998, S. 38ff.

und verhinderte. Stattdessen drängte sie ihre Tochter zum Jurastudium, das Doris wiederum überhaupt nicht interessierte, von ihr aber geschickt instrumentalisiert wurde.

> „Meine Mutter hatte sich in den Kopf gesetzt, daß ich Jura studieren sollte. Wie gesagt, ich würde doch in ein paar Jahren heiraten und niemals einen Beruf ausüben. Immerhin, es könnte doch etwas Unvorhergesehenes passieren, und ein Jurist, versicherte sie mir, kann auswählen, was er tun will. Ich könnte eine Jugendrichterin werden oder in einem Verlag arbeiten, eine sehr attraktive Karriere für gebildete Damen, weil sie dort in einer Welt von Kultur, Intellekt und Verfeinerung arbeiteten und sich nicht um das Alltägliche kümmern mußten. Es war ganz nebensächlich. Daß ich nicht das geringste Interesse an Jura hatte, spielte keine Rolle. Die Rechtswissenschaft war mir ganz fremd, und ich wies alles zurück, das damit zusammenhing. Ich erwartete nicht, daß ich mich je dafür interessieren würde, und infolge dieser Voreingenommenheit habe ich mich auch nie dafür interessiert.
> Jedoch, damals hatte ich keine Wahl; ich willigte ein, weil es wenigstens eine Gelegenheit wäre, von zu Hause wegzukommen. Ich tröstete mich, daß ich in guter Gesellschaft war. Hundert Jahre vorher hatte Goethe sich in schlechter Gesellschaft herumgetrieben mit Freunden von Gretchen, einer jungen Kellnerin in einer Frankfurter Kneipe. Als sein Vater das herausfand, schickte er den jungen Mann stante pede nach Leipzig, über 100 km weit weg, um Jura zu studieren. Goethe protestierte, er wollte die Geisteswissenschaften studieren. Aber sein Vater machte ihm wie meine Mutter mir die Vorschrift: ‚Du studierst Jura!'"[216]

Doris Drucker hat das Jurastudium nie bereut. Dies hatte aber nur einen einzigen, aber für ihr Leben entscheidenden Grund:

216 Doris Drucker: Erfinde Radium oder ich wasch dir den Kopf. Hamburg 2001, S. 138

die wunderbare Liebe von und zu Peter Drucker, wie sie in ihrer Autobiografie betont.

Dieses Buch wurde zunächst mit großem Erfolg in Japan veröffentlicht, in dem Land, in dem Peter Drucker Heldenstatus genießt. Vor der Publikation in den USA erschien das Buch in Deutschland. Ich hatte es mir zum Ziel gesetzt, dafür einen deutschen Verleger zu finden, und begann, alle großen und kleinen Verlagshäuser anzusprechen. Der Erfolg blieb lange aus. Bis mir ein lieber Freund aus dem Fußballgeschäft, Heribert Bruchhagen, damals Vorstandsvorsitzender von Eintracht Frankfurt, eine Verbindung zu dem Unternehmer und Verleger Jürgen Hunke herstellte. Hunke hatte damals eine zentrale Rolle in der Führung des HSV (Hamburger Sportverein). Ohne zu zögern, willigte Hunke ein, das Buch von Doris in seinem Verlag zu veröffentlichen. Die Freude bei uns allen war riesig und Doris kam zu einer Lesung nach Hamburg. Über die Veranstaltung publizierte die Tageszeitung „Die Welt" einen Artikel mit der Überschrift „Radium hat sie nicht erfunden – Doris Drucker ist 90 Jahre alt, mit 69 bestieg sie den Mount Everest, mit 85 gründete sie ein Unternehmen. Und noch heute beginnt jeder Tag für sie im Fitnessstudio." Der Autor des Beitrags wirft im Text sehr anschaulich einen Blick in die Welt einer starken Persönlichkeit.

> „Wenn Doris Drucker ‚und so weiter' sagt, dann lässt sie einfach das Fenster, durch das sie uns gerade einen Blick in die Vergangenheit gestattet hat, offenstehen. Und diese Frau begnügt sich nicht damit, uns durch Glasscheiben starren zu lassen. Wir dürfen spüren, welcher Wind in den letzten Jahren des Kaiserreichs und in der Weimarer Republik wehte, denn er wehte der kleinen Doris in ihrer Kindheit und Jugend direkt um die Nase.
> Schon nach den ersten Worten ihrer Lesung nimmt sie ihre Hände vom Stehpult und löst sich mit dieser Geste zugleich vom gedruckten Text, spricht einfach frei weiter. Trotzdem trifft sie fast wörtlich, was sie in ihrem Buch aufgeschrieben

> hat. Denn was Doris Drucker in ‚Erfinde Radium oder ich wasch' dir den Kopf' zu sagen hat, erzählt sie in kleinen Episoden, kurzen Erinnerungen und in Anekdoten so, als säße sie ihrem Leser bei einer Tasse Tee im Garten gegenüber. So wird in ihren Geschichten die Geschichte lebendig. Greifbar vermittelt die Autorin den Zeitgeist einer Epoche. Sie zeigt Seiten der Historie, die der Leser in keinem Geschichtsbuch der Welt finden wird."

Das Buch von Doris Drucker über ihre Geschichte setzt ein, wie erwähnt, mit ihrer Kindheit und endet mit dem Beginn einer großen Liebe.

> „Ich begleitete meine Mutter zum Bahnhof, als sie nach einer Woche nach Deutschland abreiste. Während wir warteten, bis der Zug abging, lehnte sie sich aus dem offenen Fenster ihres Abteils heraus und erinnerte mich dringend an meinen Schwur, Peter Drucker, diesen leichtsinnigen Österreicher, nie wieder zu sehen.
> Sobald der Zug sich in Bewegung setzte, trat der Gegenstand ihrer Verachtung hinter dem Pfeiler hervor, hinter dem er sich versteckt hatte.
> Wir fielen uns in die Arme."[217]

Ein Jahr nach Peters Tod besuchten meine Frau Vera und ich Doris in Claremont. In einem langen Gespräch erzählte sie die Geschichte weiter, die sie mit ihrem Buch begonnen hatte:

„Never forget, there is a lot of fiction in it", sagte mir einst Peter Drucker, als ich voller Begeisterung über seine Autobiografie sprach. Während er phantasievoll dramatisierte, um die Inhalte auf den Punkt zu bringen, war Doris eher die „Down-to-Earth-Chronistin". Erinnern möchte ich in diesem Zusammenhang an meine Erzählung, wie ich in Claremont zwischen den Druckers saß, Peter von der Blütenpracht in der Mojave-

---

217 Doris Drucker: Erfinde Radium oder ich wasch' dir den Kopf …, Erinnerungen an eine untergegangene Epoche. Hamburg 2001, S. 203

Wüste schwärmte, Doris mich aber mit einem knappen Wink in die Realität – so wie sie diese wahrnahm – zurückholte.

Peter war derjenige, der in dem glanzlosen botanischen Garten von Claremont an jeder kleinen, manchmal wirklich mickrigen Pflanze stehen blieb und mir stets eine liebenswerte Anekdote dazu erzählte, während Doris nach kurzer Zeit Vera einhakte und in ihr Fitnessstudio führte, das sie jeden Morgen besuchte.

Die Erzählungen von Doris über das gemeinsame Leben waren zwar – wie die von Peter – von tiefer Liebe und viel Humor geprägt, ansonsten aber recht spröde. Zum Beispiel, als sie uns vom Außenseiter Peter Drucker erzählte.

> „Peter war ein Außenseiter, immer. Wenn wir auf diesen vielen Meetings waren, da haben sie alle Golf gespielt. Er niemals. Ich sagte, das macht nichts, geh doch raus mit dem Schläger, Du brauchst ja nicht zu schlagen. Er hat nicht reingepaßt, aber das hat ihn gar nicht gestört.
> Er hat gar keinen Farbensinn gehabt, er hat sich schrecklich angezogen, es hat ihn gar nicht gestört.
> Peter wurde an der Universität auch als Außenseiter empfunden. Auch als ich ihn kennenlernte, war er nicht angepasst. In Bennington war er kein Außenseiter, das war ein intellektuelles Milieu. Das intellektuelle Milieu in New York war nicht so intensiv wie in Bennington. Natürlich hat er mit sehr vielen Leuten nicht als Außenseiter gesprochen, er hat sehr viele Leute gekannt. Wenn die Professoren zusammenkommen, denn reden sie nur: Who gets? Who doesn't? Er fühlte sich wohler mit einfachen Leuten. He never signed any petition, he never gave his name to any cause or anything. And he did not give any recommendations or references. Can you introduce me to somebody, no, I don't want to take the responsibility, I don't know enough about this person."

An anderer Stelle sprach Doris u. a. über die Gefahren, mit einem Denker verheiratet zu sein:

> „Peter hat niemals mit einer Sekretärin gearbeitet. Er hat immer gedacht — he was always thinking. Was immer wir auch taten, Spazierengehen, Essen, er dachte immer an das nächste Buch. Auch beim Autofahren hat er immer gedacht und war nicht so aufmerksam, wie er sein sollte. Er hat ein paar Seiten geschrieben, dann hat er sie wieder weggeworfen, so hat er sich vorbereitet. Er hat sich handschriftliche Notizen beim Lesen gemacht, auf diesen yellow pads, die er immer bei sich hatte. Er hat oft seine Manuskripte weggeworfen und neu geschrieben. – Er hat damals auf meinen Ratschlag gehört: Lass uns nach Amerika gehen und hat mir später gesagt, dass das ein guter Ratschlag war. Peter und ich fühlen uns als wirkliche Amerikaner, in England wären wir niemals Engländer geworden, da wären wir immer Foreigners geblieben. Wir haben immer Englisch zusammen gesprochen, nur manchmal, wenn wir etwas besprachen, das die Kinder nicht hören sollten, haben wir Deutsch gesprochen. Denn es war wichtig für Peter, Englisch zu lernen und in Englisch zu schreiben."

Sehr viel über Leben und Liebe der Beiden zeigt auch die Anekdote vom „Gummipilz":

> „Wir haben gerne Pilze gesammelt. Wenn Peter nach Hause kam, musste er durch einen kleinen Park gehen und hatte immer eine kleine Handvoll dieser Button Mushrooms nach Hause gebracht. Einmal habe ich in einem Laden einen Gummipilz gesehen, der sah so natürlich aus. Ich habe gedacht: den setzte ich unter unsere Birke und Peter wird sicher nachsehen, was das für eine Art ist. Dann kam aber ein Eichhörnchen und ist mit dem Pilz weggerannt. Am nächsten Tag habe ich einen neuen Gummipilz gekauft und wieder hingestellt. Peter sagte, weißt Du was ich gefunden hab, einen Pilz, kennst du den Namen? Keine Ahnung – da muss ich mal nachsehen. Dann hat er eine halbe Stunde in unse-

ren Büchern nachgesehen und dann: Guck mal, das ist ein Gummipilz."

Doch zurück ins England der 1930er Jahre. 1937 heirateten Doris und Peter und emigrierten noch im selben Jahr in die USA. Nicht nur die Mutter von Doris, auch die von Peter war wenig begeistert von dieser Heirat. „Seine Mutter war auch gegen mich. Sie sagte immer ‚die Prinzessin'. Auf der Straße in Wien sagte sie, ‚das ist die Prinzessin, die meinen Sohn heiraten will!'"

Der erste Wohnsitz der Druckers in den USA war die Gemeinde Bronxville, ein Vorort von New York City.

Doris arbeite für Marks & Spencer weiter als Market Researcher und Peter als Freelancer für den Manchester Guardian. „Meine Firma, Marks & Spencer, sagte mir, Sie können auch in Amerika für uns arbeiten und uns sagen, was es dort für Neuigkeiten gibt. Ich hatte dann in Amerika sofort einen kleinen Job und Peter hat vom Manchester Guardian den Auftrag bekommen, gelegentlich als Korrespondent tätig zu sein. Auch für andere Zeitungen hat er gearbeitet. Wir konnten uns über Wasser halten."

Hauptberuflich lehre Peter bei bescheidener Bezahlung bis 1941 am Sarah Lawrence College, das heute zu dem bedeutendsten Liberal Arts Colleges der USA gehört.

Die ersten Jahre in den USA waren alles andere als einfach für die beiden, deren erste Kinder 1938 und 1941 geboren wurden. Hinzu kam, dass die Parole „America first" damals wie heute gegenüber Einwanderern nicht unbedingt eine freundliche Stimmung auslöste. Von 1942 bis 1950 lehrte Peter dann am Bennington College, Vermont. Die Zeit, die für beide, so Doris, intellektuell die fruchtbarste ihres Lebens gewesen ist. Hier traf Peter dann auch seinen Freund Karl Polanyi wieder, den österreichisch-ungarischen Wirtschafts- und Sozialwissenschaftler. „Polanyi", sagte Doris, „war der Einzige, der auf Peter intellektuellen Einfluss hatte. Der Einzige, auf den Peter hörte".

Nach Bennington zogen die beiden nach Montclair, New Jersey, und Peter lehrte bis 1971 an der New York University, der größten Privatuniversität der USA.

Auch die Karriere als Buchautor begann für Peter in den USA. Seine erste große Publikation, „The End of the Economic Man", hatte er größtenteils noch in England geschrieben. Veröffentlicht aber wurde das Buch 1939 im John Day Verlag, New York.

Es war vor allem dem unermüdlichen Engagement des britischen Freundes der Druckers, Noel Brailsford (1873–1956), zu verdanken, dass „The End of the Economic Man" publiziert wurde. Brailsford, Sozialist, Frauenrechtler und einer der bedeutendsten politischen Journalisten seiner Zeit, lernten die Druckers in England kennen und sie wurden schnell zu Freunden. Doris erzählte uns, wie dieser alles in Bewegung setzte und den Inhaber des Verlages, Richard Walsh, Ehemann von Pearl S. Buck, davon überzeugte, „The End of the Economic Man" zu veröffentlichen.

Die Einführung in das Buch schrieb Noel Brailsford persönlich. Der Beginn seines Textes macht sofort deutlich, wie hoch er diese Arbeit von Peter Drucker schätzte.

> „A Year ago, in an English cottage in the Chiltern Hills, Peter Drucker and I sat talking one afternoon about the end of Economic Man. He talks as well as he writes. Night came upon us, and neither of us noticed it. I recollect the mingled amusement and shame that came over me, as hunger at last recalled me to my duties as his host. The seeds from that talk lived and germinated in my mind. With a clarity and precision that I could not reach alone, my friend had helped me to understand much of what is happening in the world around us."

Ähnliche Hochachtung erfuhr Peter nach der Veröffentlichung durch Henry W. Churchill, allerdings mit der Einschränkung, dass dieser einen Hitler-Stalin-Pakt als nicht vorstellbar einstufte. Wenige Monate später wurde Churchill eines Besseren belehrt.

Peter Drucker hat wiederholt angemerkt, dass die Japaner die Ersten waren, die ihm

> „Die japanische Beratung begann Ende der 50er Jahre, und zwar hatte ein Japaner 1940 ‚The End of the Economic Man' übersetzt. Dieser Japaner ist dann weiter mit Peter in Kontakt geblieben und über diesen Kontakt hat sich eines Tages der Manager einer japanischen Firma bei Peter gemeldet und gefragt, ob Peter sie beraten und nach Japan kommen könnte. Ich habe ihm gesagt: Du kannst alleine dorthin fahren. Ich kann Leute nicht ausstehen, die immer grinsen. Er kam zurück und hatte ein Bild gekauft, das hat mir so gut gefallen. Er hat gesagt: Du musst mitkommen. Du musst dir das ansehen. Wir nehmen auch die Kinder mit. Und ich war begeistert und wir waren dann jedes Jahr in Japan (solange Peter noch reisen konnte). Und jetzt wollen sie mich wiederhaben: Können Sie uns besuchen? Können wir Sie zum Lunch einladen? In zwei Wochen fahre ich wieder hin.
> In Japan ist Peter ja viel bekannter als hier. In Japan gibt es eine Buchhandlung mit sechs Stockwerken. Da hängt eine Fahne: ‚Peter Drucker has arrived'. Auf jedem Bahnhof kommen Schulkinder: „May I have your autograph?" Selbst auf dem Mount Fuji. He is a hero – die Leute schicken mir ein Foto einer Buchhandlung, in der sein Buch liegt. Peter hat in Japan alle Firmen beraten, Sony etc. …"

Am 8. Januar 2011, wenige Monate vor dem 100. Geburtstag von Doris Drucker, erreichte uns folgende Mail von ihr:

> „Lieber Peter, liebe Vera,
> Prosit Neujahr too to you. Somewhat late but just as sincerely, with best wishes for good health, Peace and Fulfillment in 2011 and beyond. I am looking forward happily to your visit

here this summer. Please let me know when you know the approximate date of your travels. I just got back from San Francisco, where I spent the holidays with assorted children, grandchildren and two great-grands. It was fun in spite of freezing rain day in and out. You have probably heard of the ‚Drucker Boom' in Japan following the publication ‚Drucker and Baseball' (I don't know the title in Japanese) which has sold over 2 million copies. The Japanese are now making a movie based on that book; they have asked me which US movie or TV actor I suggest to play Peter in that movie! What would Peter have said to such an idea?
With my warmest greetings
Doris"

Nicht nur in Japan, sondern weltweit erarbeitete sich Peter Drucker schon während der Jahre an der US-Ostküste den Ruf eines Manager-Gurus. Eine Bezeichnung, die er hasste. In den Worten von Doris: „Peter sagte immer, die Leute sagen Guru, weil sie das Wort ‚Scharlatan' nicht buchstabieren können."

Doch nach fast einem Vierteljahrhundert in Vermont und New York verlegten die Druckers ihren Lebensmittelpunkt an die Westküste, nach Claremont/Kalifornien. Diese Kleinstadt war den Druckers nicht unbekannt, da Peter dort im Sommer 1951 in Vertretung einen Lehrauftrag übernommen hatte und die ganze Familie mehrere Monate das kalifornische Leben kennen und schätzen lernte. 20 Jahre später kam es zur Rückkehr:

„Und dann 1971 hat uns der damalige Präsident von Claremont kontaktiert und wollte Peter gerne treffen und einladen, ob er in Claremont lehren wollte. Peter kam nach Hause und hat mir das erzählt. Ich sagte ihm, bist Du verrückt. Hier bist Du a little frog in a big pool. In Claremont bist Du a big frog in a small pool. Aber Peter meinte, wir könnten es ja einmal versuchen.
Dann haben wir unser Haus in Montclair vermietet und sind mit dem Auto im Winter durch Amerika gefahren. War

> eine sehr interessante Reise. Dann kamen wir an und ein halbes Jahr lang haben wir uns jeden Tag gestritten. Einer sagte, wir gehen zurück, der andere sage, wir bleiben hier. Und dann haben wir uns entschlossen, hier zu bleiben. Peter sagte, willst Du wirklich wieder Schnee schaufeln? Wir hatten einen steilen Hügel um das Haus. Solang die Kinder noch im Haus waren, hatten die natürlich ihren Spaß. Weißt Du nicht: alte Männer kriegen einen Herzanfall, wenn sie schaufeln müssen, also musst Du schaufeln. Manchmal war wirklich so viel Schnee, dass die Kinder nicht nach Hause kommen konnten, wenn sie bei ihren Freunden übernachtet haben. Wir sind jetzt seit 1971 hier, immer in diesem Haus. Erst haben wir ein Haus gemietet und dann haben wir dieses Haus gefunden. Wir wollten ein Haus, von dem aus Peter zu Fuß zur Universität gehen kann. Ein einfaches Haus, denn wir wollten ja viel reisen. Ein Haus, das man einfach zuschließen kann und weggehen kann, auf das die Nachbarn dann aufpassen."

So wurde Claremont, „the City of Trees and PhDs", die kleine Universitätsstadt östlich von Los Angeles am Fuße der San Gabriel Mountains für immer das zu Hause der Druckers.

Am 16. Dezember 2005, wenige Wochen nach Peters Tod, erhielten wir einen langen Brief von Doris. Darin schrieb sie „during the last weeks of his life, Peter often reverbed to German and associations with the German past. For example, he had a recurrent dream which he told me. ‚I was trying to explain the airplane to Goethe. He asked me (in German): What are those things flying around in the sky?'.

People ask me how am I getting along. Well, I am sad, and I miss him."

Auch meine Frau Vera und ich vermissen ihn mit seiner Klugheit, die immer gepaart war mit leisem spitzbübischem Humor und Herzlichkeit. Jerry Wind würde sagen: „zwei real Menschen". Beinahe jeden Tag erinnern wir uns mit Freuden an unsere unzähligen Besuche in Claremont. An intensive Gespräche und leichte Unterhaltungen zu Hause bei den Druckers, in einem naheliegenden Restaurant oder bei einem Spaziergang im botanischen Garten des Städtchens.

Viele schöne Erlebnisse kehren dann in unsere Erinnerung zurück und jedes Mal bringen sie uns zum Schmunzeln. So zum Beispiel, als Doris und Peter ins Navajo Reservat flogen, da Peter dort ein Beratungsprojekt pro bono angenommen hatte. Peter erzählte, dass sie nach der Landung in Albuquerque dort von einem Lear Jet abgeholt werden sollten. Sie mussten aber Stunden warten, da der Häuptling damit zwecks Fundraising unterwegs war. Peter meinte hierzu trocken: „Stellen Sie sich vor: Der Häuptling im Lear Jet unterwegs! Wenn das Karl May wüsste!"

Auch Doris konnte sehr amüsant sein, insbesondere wenn sie das Bildungsniveau der Amerikaner aufs Korn nahm. An anderer Stelle hatte ich schon von einer Nachbarin der Druckers berichtet, die, so Doris, als diese Romeo und Julia zitierte, nicht anderes einfiel als der Film gleichen Titels mit Leonardo di Caprio. Ebenso vergnüglich waren Doris' Erzählungen von den Sommerreisen der beiden in die Rocky Mountains (die sie später, als Peter die Höhenluft nicht mehr vertrug, noch alleine und bis ins hohe Alter fortsetzte): So zum Beispiel, dass sie bei ihren Wanderungen stets zwei Topfdeckel mit sich getragen hat, die sie aufeinander schlug, um die Pumas zu verjagen.

Meine Lieblingsanekdote aber habe ich mir für den Schluss aufgehoben. In einem Telefonat erzählte ich der damals 99-jährigen Doris von der Begegnung mit einem Mann, der angeblich extra zu mir nach Berlin gereist war, um mit mir über Peter Drucker zu sprechen. Während der zwei Stunden, die er und ich zusammensaßen, erzählte mir mein Gesprächspartner wortreich über seine enge Verbindung zu Peter. Als ich Doris auf ihre Frage hin den Namen des Mannes nannte, sagte sie: „Den kenne ich nicht. Den Namen hat Peter mir gegenüber nie erwähnt!" Als ich darauf antwortete, „aber er hat so getan, als habe er mit Peter in der Badewanne gesessen!", entgegnete Doris mit ihrer gewohnt festen Stimme: „Glauben Sie mir, Peter, die beiden haben noch nicht einmal gemeinsam unter der Dusche gestanden!"

2014, neun Jahre nach Peters Tod, starb auch Doris Drucker im Alter von 103 Jahren.

We miss them both!!

P.S.: Covid-19 und die Folgen – What would Peter say?

> „Ich gebe mich nicht der Täuschung hin, dass die Zukunft den Sterblichen bekannt oder auch nur erkennbar sei, geschweige denn, dass die Geschichte von strengen wissenschaftlichen Gesetzen bestimmt werde, die der Mensch erkennen könne. Aber auch diesem Grunde behaupte ich, dass auf künftige Wirkungen gerichtetes menschliches Handeln – ob in Wissenschaft und Technik, in Wirtschaft oder Politik – verantwortliches Handeln sein muss, ein auf Wissen und Können beruhendes, in Überzeugung und Verpflichtung gegründetes Handeln. Darum lautet die Frage: Was kann man von der Zukunft wissen, und was muss man von der Vergangenheit lernen? Was kann man, und was muss man können? Und welches sind die Werte, die Ziele, die Verpflichtungen verantwortlichen Handelns in Gesellschaft und Wirtschaft?“[218]

> „I am often called a ‚futurist‘. But if there is one thing I am not – one thing a social ecologist must not be – it is a ‚futurist‘. In the first place it is futile to try to foresee the future. This is not given to mortal man. And the idea that ignorance and uncertainty become vision by being put into a computer is not a particularly intelligent one.“[219]

Im November 2009 titelte der Harvard Business Review zum 100. Geburtstag von Peter Drucker: „What would Peter do?“ Einige seiner Weggefährten – darunter auch ich – waren gebeten, im Verständnis von Peter Drucker angesichts der weltweiten Krise

218 Peter F. Drucker: Gedanken für die Zukunft
219 Peter F. Drucker: Reflections of a Social Ecologist

von Wirtschaft und Gesellschaft Gedanken für die Zukunft zu entwickeln.

Beim Schreiben dieses Buches fiel mir auf, dass die Frage damals falsch gestellt war. Denn Peter wouldn't have *done* nothing. Aber er hätte in Wort und Schrift seine Stimme erhoben. Sein Handwerkszeug war die Sprache, und zwar der respektvolle und verantwortungsvolle Umgang mit derselben. Er versuchte, mit seinen Gedanken Handeln für die Zukunft zu initiieren. Er verstand sich als „Educator", als Berater, „who stands by and tells the bull how to mount the cow", oder – weniger drastisch formuliert – „who shows lights to make us see and guides to right action".

Angesichts der gegenwärtigen globalen Krise möchte ich im Folgenden versuchen, unter Einsatz der geistigen Werkzeuge Peter Druckers zu den aktuellen und zukünftigen Herausforderungen unseres Weltalters Stellung zu beziehen und auf Wege hinzuweisen, wie wir diesen Herausforderungen begegnen sollten, um das Ziel seines gesamten Werkes – die Annährungen an eine „erträgliche Gesellschaft" mit ihrem unerlässlichen Fundament, dem Rechtsstaat einer „free market democracy", – nicht aus den Augen zu verlieren.

Zunächst möchte ich festhalten, dass die zentralen Probleme, die die gegenwärtige Krise offengelegt hat, nicht neueren Datums sind. Sie begleiten uns – vergleichbar etwa mit unterirdischen Meeresströmungen – schon seit Jahren. Durch die Pandemie sind sie aber derartig offenkundig geworden, dass die Lösung dieser Probleme eine andere Dringlichkeit und Aufmerksamkeit erhalten hat. Die Zukunft hatte also schon vor Covid-19 begonnen.

Nun gibt es eine Vielzahl „großer" Herausforderungen, die es wert sind, in diesem Zusammenhang erörtert zu werden. Zum Beispiel die Rolle des Nationalstaates und die von supranationalen Bündnissen oder die Veränderungen der nationalen und globalen Wirtschaftsstrukturen durch die wachsende Dominanz des E-Commerce, die Entwicklung des Gesundheitswesens und der damit verknüpften Wirtschaftszweige oder die veränderten Anforderungen an die Bildung in der fortschreitenden Wissensgesellschaft.

Nicht zuletzt gehört in diesen Kontext auch die Auseinandersetzung mit dem Spannungsfeld von Öffentlichkeit und Privatheit, verbunden mit der Frage: Wie viel Nähe bzw. Distanz braucht respektive verträgt der Mensch, um ein verträglicher Mensch sein zu können?

Die ausführliche Behandlung jedes einzelnen dieser Themen würde den Umfang eines „P.S." sprengen. Ich will mich daher auf ein Phänomen beschränken, das auf den ersten Blick jenseits der „großen Herausforderungen" zu liegen scheint: Home-Office und Home-Schooling. Bevor ich mich dem Home-Office zuwende, möchte ich kurz zum Problem Home-Schooling Stellung nehmen.

„Learning is mutual, teaching is individual"[220], sagte Peter Drucker zu Recht. Die Herausforderung des Home-Schooling, also des IT-basierten Home-Learning und des Virtual Teaching, stellt sich seiner Auffassung nach nicht in der Technologie selbst, sondern darin, wie wir diese nutzen. Die Wissensgesellschaft erfordere – so Drucker 1969 (!) „that we have to learn smarter"[221]. Home-Schooling bietet uns diese Chance. Dies gilt gleichermaßen für das Virtual Teaching. Das technologische Handwerkszeug ermöglicht es dem Lehrer, sich auf seine Kernaufgaben zu fokussieren, die da heißen: Motivieren, Richtung weisen, Fördern.[222]

> „There the new technologies might make the greatest difference. They free teachers from spending most, if not all, their time on routine learning, on remedia learning, on repetitive

220 Peter F. Drucker: The Age of Discontinuity, S. 342

221 Ebd., S. 338

222 Vgl.: The Post-Capitalist Society, S. 181

> learning. Teachers will still need to lead in these activities. But most of their time has traditionally been spent on ‚follow-up'. Teachers, in an old phrase, spend most of their time not being teachers but being ‚teaching assistants'. And that the computer does well, does indeed better than a human being. Teachers, we can hope, will thus increasingly have the time to identify the strengths of individuals, to focus on them and to lead students to achievement. They will, we can expect, have the time to *teach*."[223]

Die Arbeit aus dem Home-Office gehört in bestimmten Wirtschaftszweigen, z. B. der Beratung, seit Jahren zur Routine. Ausgehend davon, dass diese „Heimarbeit" auch nach der Krise ihren Siegeszug fortsetzen wird, wird sie zukünftig über beinahe alle Branchen hinweg als Arbeitsweise Bedeutung erlangen. Sie wird also von einer Randerscheinung für eine immer größer werdende Zahl der Beschäftigten zum Bestandteil ihrer Lebensführung und hat damit signifikante Folgen für das gesellschaftliche Zusammenleben. Home-Office Work ist sicherlich zunächst mehr oder weniger problemfrei für diejenigen, die in einem Singlehaushalt leben. Kinderlose Partnerschaften gehören ebenfalls zu den weniger Betroffenen – allerdings nur dann, wenn der entsprechende Raum zur Verfügung steht. Der Raumaspekt steht sicherlich auch im Vordergrund, wenn Kinder hinzukommen. Nehmen wir z. B. den nicht seltenen Fall eines jüngeren Paares. Beide sind berufstätig und arbeiten z. T. aus dem Home-Office. Die zwei schulpflichtigen Kinder gehen zu einer Schule, die sehr früh Teile des Unterrichts in Home-Learning-Konzepte umgewandelt hat. Das Raumproblem stellt sich dieser Familie nicht – ihre Wohnsituation bietet genügend Platz. Was aber passiert bei den Familien – und das ist die überwiegende Zahl –, denen dieser großzügige Wohnraum nicht zur Verfügung steht? Die Arbeit aus dem Home-Office hat Einfluss, sowohl auf die Lebensführung

223 Ebd., S. 185

des Einzelnen als auch auf die der gesamten Familie. Sie ist eine politische Aufgabenstellung mit großen wirtschaftlichen Herausforderungen, die beinahe alle Branchen betreffen, auch die Bauwirtschaft (sowohl den Wohnungs- als auch den Büro- und Verwaltungsbau).

Vor allem die Auswirkungen der Arbeit im Home-Office auf die Familie bietet gewaltigen Zündstoff für soziale Verwerfungen und Segregation.

Peter Drucker schrieb über die industrielle Revolution:

> „The Industrial Revolution also had a great impact on the family. The nuclear family had long been the unit of production. On the farm and in the artisan's workshop husband, wife, and children worked together. The factory, almost for the first time in history, took worker and work out of the home and moved them into the workplace; leaving family members behind.
> Indeed, the ‚crisis of the family' did not begin after the Second World War. It began with the Industrial Revolution."

Nach mehr als dreihundert Jahren erleben wir eine Rückkehr der Arbeit in die Familie, allerdings in anderer Form als die Familienarbeit vor der Industriellen Revolution.

Steht uns eine neue „Krise der Familie" bevor?

Ich teile nicht die Befürchtung, dass die Frau wieder an den Herd zurückkehren wird, nach dem Motto eines Werbeslogans der 1960er Jahre, wonach die beiden wichtigsten Fragen, die sich eine Frau täglich stellen muss, wie folgt lauten: „Was ziehe ich an? Was koche ich?"

Die Frauen werden es sicherlich nicht zulassen, dass das Rad der Geschichte in die „Steinzeit" zurückgedreht wird. Doch es entstehen – nach Weber – „Culturprobleme" durch diese Arbeitsweise, über deren Lösungen schon jetzt nachgedacht werden muss. Zum Beispiel die Frage: Wie wird zukünftig die Organisation des Haushalts unter diesen Bedingungen zu gestalten sein? Aus meiner Sicht ist dies nur möglich, wenn die traditionelle

Rolle der Frau in der Familie vollständig aufgelöst wird mit dem Ziel einer veränderten Aufgabenverteilung in der Haushaltsführung.

Hierzu bedarf es aber einer entscheidenden Voraussetzung, nämlich der, dass Frauen für gleiche Arbeit die gleiche Vergütung erhalten wie Männer.

Die Home-Office-Arbeit stellt den Einzelnen vor eine weitere Herausforderung: Wie ist unter dieser Arbeitsweise eine ausgewogene Lebensführung möglich? „Wenn man nur seine Arbeit hat, hat man gar nichts", sagte einst Peter Drucker. Home-Office und Home-Schooling wirken zwangsläufig in die Privatsphäre des Einzelnen und der gesamten Familie. Gerade weil der öffentliche Raum den privaten immer mehr zurückdrängt, müssen wir uns diesen Rückzugsort erhalten. Das sind wir unserer menschlichen Natur schuldig.

Wir können und sollen nicht dem technischen und ökonomischen Fortschritt davonlaufen. Aber es liegt in unserer Macht, unsere Lebensbedingungen dahingehend anzupassen und zu gestalten, dass dieser Fortschritt auch zu einem sozialen Fortschritt wird, d. h. für den Einzelnen die Stärkung von Selbstbestimmung und Freiheit und für die Gesellschaft die Förderung des Zusammenhalts.

In seinem Buch „Management Challenges for the 21st Century" schrieb Peter Drucker 1999:

> „Organizations are no longer built on force. They are increasingly built on trust. Trust does not mean that people like one another. It means that people can trust one another. And this presupposes that people understand one another. Taking relationship responsibility is therefore an absolute necessity. *It is a duty*. Whether one is a member of the organization, a consultant to it, a supplier to it, a distributor, one owes relationship responsibility to every one with whom one works, on whose work one depends; and who in turn depends on one's own work."

Relationship responsibility bedeutet nach Drucker, vor allem den Kollegen, Vorgesetzten, Mitarbeiter etc. als eigene Persönlichkeit wahrzunehmen und zu respektieren mit eigenen Stärken und einer eigenen Art zu lernen und zu arbeiten. Denn „most people work with other people, and are effective through other people". Zur relationship responsibility gehört nach Peter Drucker ferner die responsibility for communications, d. h. die Verpflichtung in Bezug auf die beruflichen Aufgabenstellungen, effektiv mit dem anderen zu kommunizieren – sei es der Kollege, Mitarbeiter, Vorgesetzte, Lieferant, Berater o. a. Die Kommunikationsverantwortung ist darüber hinaus eine wesentliche Voraussetzung für ein effektives Management von Teams und für eine effektive Teamarbeit – gerade unter Home-Office-Bedingungen. Das Bewusstsein hierfür ist schon lange da, die Managementpraxis, wie die Praxis der Management- und Personalentwicklung, hinken ebenso lange schon hinterher.

Zum Abschluss möchte ich noch ein weiteres „Culturproblem" des Home-Office erwähnen: How to lead Home-Office Workers? Hierzu nur Folgendes: Effektive Führung gehört zum Handwerk des Managers, ob mit oder ohne Personalverantwortung. Erforderlich in diesem Zusammenhang ist ferner die Definition eindeutiger, klarer Aufgabenstellungen und das effiziente Umgehen mit einer Deadline. Effizient meint, dass der oder die Mitarbeiter bei Problemen des Inhalts, der Zielerreichung sowie der Fristeinhaltung den Manager rechtzeitig informieren, d. h. zu einem Zeitpunkt, der Handlungsspielräume zulässt, und nicht erst am Abend vor Ende der Deadline.

All dies bedarf – und schon sind wir wieder bei Peter Drucker – bi- und multilateraler relationship responsibility als Voraussetzung eines Vertrauensverhältnisses.

Auch damit verkünde ich nichts Neues, doch auch hier gilt, das Bewusstsein ist schon lange da, doch die Managementpraxis …

Literaturverzeichnis

Hannah Arendt / Karl Jaspers: Briefwechsel 1929–1969. München 1985

Raymond Aron: Der engagierte Beobachter. Gespräche mit Jean-Louis Missika und Dominique Wolton (1981), Stuttgart 1983

Walter Bagehot: The first Edinburgh Reviewers (1855). In: Norman St. John-Stevas (Hrsg.): The Collected Works of Walter Bagehot. Volume 1. Hartfort, 1986

Paul G. v. Beckerath, Peter Sauermann, Günter Wiswede (Hrsg.): Handwörterbuch der Betriebspsychologie und Betriebssoziologie. Stuttgart 1981

Paul Gert v. Beckerath: Verhaltensethik im Personalwesen. Stuttgart 1988

Dietz Bering (Hrsg.): Die Intellektuellen im Streit der Meinungen. Berlin 2011

Rolf Dahrendorf: Versuchungen der Unfreiheit. Die Intellektuellen in Zeiten der Prüfung. München 2006

Hans Peter Dreitzel: Elitebegriff und Sozialstruktur. Eine soziologische Begriffsanalyse. Stuttgart 1962

Doris Drucker: Erfinde Radium oder ich wasch' dir den Kopf …, Erinnerungen an eine untergegangene Epoche. Hamburg 2001

Doris Drucker / Peter Paschek: Management as social task. The relevance of Peter F. Drucker's work for our time (unveröffentlichtes Manuskript)

Peter F. Drucker: Friedrich Julius Stahl: Konservative Staatslehre und geschichtliche Entwicklung. Tübingen 1933

Peter F. Drucker: The Practice of Management. New York 1954

Peter F. Drucker: Gedanken an die Zukunft. Düsseldorf 1959

Peter F. Drucker: Men, Ideas and Politics. New York 1971

Peter F. Drucker: Adventures of a Bystander. New Work 1979

Peter F. Drucker: Managing in Turbulent Times. London 1980

Peter F. Drucker: What is Business Ethics? In: The Public Interest, Nr. 63, Spring 1981

Peter F. Drucker: Innovation and Entrepreneurship. New York 1985

Peter F. Drucker: The Mystery of the Business Leader. In: The Wall Street Journal, Sept. 29, 1987

Peter F. Drucker: What I have learned. A look back and a look ahead, Acceptance Speech, October 21, 1987 (unveröffentlichtes Manuskript)

Peter F. Drucker: The Coming of the New Organization. In: Harvard Business Reviews, January/February 1988

Peter F. Drucker: The New Realities. Oxford 1989

Peter F. Drucker: Concept of the Corporation (1946). New Brunswick, 1993

Peter F. Drucker: Management: Tasks, Responsibilities, Practices (1973/74). New York 1993

Peter F. Drucker: The Post-Capitalist Society. London 1993

Peter F. Drucker: Ecological Vision, Reflections on the American Condition. New Brunswick 1994

Peter F. Drucker: The age of social transformation. In: The Atlantic Monthly, Vol. 274, Nr. 5, November 1994

Peter F. Drucker: Managing in a time of Great Change. New York 1995

Peter F. Drucker: The Future of the Industrial Man (1942). New Jersey 1995

Peter F. Drucker: Umbruch im Management. Was kommt nach dem Reengineering? Düsseldorf 1996

Peter F. Drucker: The Global Economy and the Nation State. In: Foreign Affairs, Vol. 76, Nr. 5, Sept./Oct. 1997

Peter F. Drucker: Beyond the Information Revolution. In: The Atlantic Monthly, October 1999

Peter F. Drucker: Management Challenges for the 21st Century. New York 1999

Peter F. Drucker: The Landmarks of Tomorrow (1957). New Jersey 1999

Peter F. Drucker: Schlüsseljahre. Frankfurt/New York 2001

Peter F. Drucker: The Essential Drucker. New York 2001

Peter F. Drucker: Technology, Management and Society (1970), Oxford 2001

Peter F. Drucker: A Functioning Society, Selections from Sixty-Five years of Writing on Community, Society and Polity. New Jersey 2003

Peter F. Drucker: The Age of Discontinuity (1969). New Jersey 2003

Peter F. Drucker, Peter Paschek (Hrsg.): Kardinaltugenden effektiver Führung. München 2004

Oskar Maria Graf „Unser Dialekt und der Existenzialismus". In: ders.: An manchen Tagen. Reden, Gedanken, Zeitbetrachtungen. Frankfurt am Main 1961

Thomas Hecken: Das Versagen der Intellektuellen: Eine Verteidigung des Konsums gegen seine deutschen Verächter. Bielefeld 2010

Heinrich Heine: Zur Geschichte der Religion und Philosophie in Deutschland (1834). Stuttgart 1997

Immanuel Kant: Idee zu einer allgemeinen Geschichte in weltbürgerlicher Absicht (1784), Vierter Satz. In: Wolfgang Jäger / Ingeborg Villinger (Hrsg.): Die Intellektuellen und die Deutsche Einheit. Freiburg i.B. 1997

Wolf Lepenies: Folgen einer unerhörten Begebenheit. Die Deutschen nach der Vereinigung. Berlin 1992

Wolf Lepenies: Benimm und Erkenntnis. Frankfurt/Main 1997

Konrad Paul Liessmann: Theorie der Unbildung: die Irrtümer der Wissensgesellschaft. Wien 2006

Odo Marquard: Philosophie des Stattdessen (1998). Stuttgart 2009

Alfred von Martin: Soziologie. Die Hauptgebiete im Überblick. Berlin 1956

Alfred von Martin: Im Zeichen der Humanität, Soziologische Streifzüge. Frankfurt/Main 1974

Fritz Mauthner: Beiträge zu einer Kritik der Sprache (1899), Bd. 1. Leipzig 1923

Robert Michels: Historisch-Kritische Untersuchungen zum Politischen Verhalten des Intellektuellen (1933). In: ders.: Masse, Führer, Intellektuelle. Frankfurt/New York 1987

Reinhard Mohn: Der Unternehmer als Politiker. In: Manager Magazin 12, 1974

Ernst Wolf Mommsen: Elitebildung in der Wirtschaft. Darmstadt 1955

Rainer Nickel (Hrsg.): Lucius Annaeus Seneca: Epistulae morales ad Lucilium, Band II. Düsseldorf 2009

Reinhold Niebuhr: The Irony of the American History. London 1952

Helmuth Plessner: Macht und menschliche Natur, Gesammelte Schriften V. Frankfurt/M. 2003

Helmuth Plessner: Schriften zur Soziologie und Sozialphilosophie. Gesammelte Schriften X. Frankfurt am Main 2003

Walther Rathenau: Die Wirtschaft ist das Schicksal (1921). Nachdruck der Verlagsgruppe Deutscher Fachverlag, o.J.

Max Scheler: Späte Schriften (1928), Band 9. Bonn 2005

Max Scheler: Politisch-Pädagogische Schriften (1914–1919), Band 4. Bonn 2008

Manfred Schneider: Transparenztraum: Literatur, Politik, Medien und das Unmögliche. Berlin 2013

Joseph A. Schumpeter: Kapitalismus, Sozialismus und Demokratie (1942). München 1975

Adam Smith: Theorie der ethischen Gefühle (Originaltitel: Theory of moral sentiments, 1759). Hamburg 2004

Sascha Spoun / Timo Meynhardt (Hrsg.): Management – eine gesellschaftliche Aufgabe. Baden-Baden 2010

Peter Steinfels: A Man's Spiritual Journey from Kierkegaard to General Motors. In: New York Times, November 19, 2005.

Matthew Stewart: The Management Myth, Debunking Modern Business Philosophy. New York 2009

Carlo Strenger: Zivilisierte Verachtung. Berlin 2015

Training & Development, Vol. 52, No. 12, Alexandria, VA, December 1998

Johann Wolfgang von Goethe: Faust. Der Tragödie erster und zweiter Teil, Urfaust. München 1994

Wilhelm von Humboldt, Werke Bd. 1, Schriften zur Anthropologie und Geschichte. 4. Auflage, Darmstadt 2002

Christian Graf von Krockow: Das Ethos der engagierten Distanz. Ein deutsches Gelehrtenleben – Zum Tode von Helmuth Plessner. In: Die Zeit vom 28. 06. 1985.

Christian von Krockow: Politik und menschliche Natur: Dämme gegen die Selbstzerstörung. Stuttgart 1987

Christian von Krockow: Einspruch gegen den Zeitgeist. Hamburg 2003

Franz Walter / Stine Marg (Hrsg.): Sprachlose Elite. Wie Unternehmer Politik und Gesellschaft sehen. Hamburg 2015

Max Weber: Wirtschaft und Gesellschaft, Grundriss der verstehenden Soziologie (1922). Tübingen 1972

Max Weber: Gesammelte politische Schriften (1920). Tübingen 1988

Max Weber: Protestantische Ethik und der Geist des Kapitalismus (1904/5). In: ders.: Gesammelte Aufsätze zur Religionssoziologie. Tübingen 1988, S. 204

Max Weber: Wissenschaft als Beruf (1917). Stuttgart 1995

Zeitfracht Medien GmbH
Ferdinand-Jühlke-Straße 7
99095 Erfurt, Deutschland
produktsicherheit@kolibri360.de